AF392011

BIGARD ET DIEUDO :

CARNET DE BORD D'UN SPECTACLE INTERDIT

BIGARD ET DIEUDO :

CARNET DE BORD D'UN SPECTACLE INTERDIT

PAR

DIEUDONNÉ MBALA MBALA

©

Date de publication : Novembre 2022
Editeur : Dieudonné Mbala Mbala
Adresse de l'éditeur : 1 rue des volaillers, 28410,
Saint-Lubin-de-la-Haye
Numéro ISBN : 978-2-9585905-1-2
Imprimeur : Amazon

Dans cet ouvrage je vous raconte la vie d'un spectacle mort-né. Un spectacle qui n'avait pas le droit de voir le jour car il remettait en cause la toute-puissance de l'appareil de propagande médiatique et de ceux qui le contrôlent. L'existence même de ce spectacle a démontré que malgré le déséquilibre des forces en présence, la haute finance n'a pas encore gagné son combat pour une censure totale.

« Qui a vu un petit enfant éclater de rire a tout vu de cette vie » *(Bouddha)*

« Si tu ne trouves pas d'ami sage, prêt à cheminer avec toi, résolu, constant, marche seul, comme un roi après une conquête ou un éléphant dans la forêt » *(Bouddha)*

1. INTRODUCTION

Juillet 2022 - Kribi, Cameroun

Amis lecteurs bonjour, bonsoir. Au moment où je vous écris ces quelques mots, je me trouve au Cameroun, berceau de mes ancêtres, très exactement à Kribi, une merveilleuse station balnéaire au bord de l'Océan Atlantique, dans le Golfe de Guinée. Il fait beau, je suis attablé à un bureau de fortune sur lequel est allongé un cahier à spirale aux feuilles vierges et envahies d'une blancheur à faire pâlir un grand prêtre du Ku Klux Klan. Mais rien de plus normal à cela car je suis venu ici pour écrire.

A l'ombre des cocotiers et non loin de ma forêt, ici je ressens l'esprit des anciens et je me laisse porter par l'inspiration et la magie de ce continent qui est aussi le mien. Oui « aussi » car je me sens pleinement Français même si la France vit des heures difficiles et que sa culture se perd. Bref, je suis en train d'écrire ce qui devrait être l'événement de la scène humoristique francophone… Après de nombreuses hésitations et craintes, un humoriste français a pris la décision de me rejoindre sur scène et de former avec moi un nouveau duo pour un spectacle unique.

Cet humoriste courageux s'appelle Jean-Marie Bigard. Un artiste très populaire, qui a connu l'ostracisme de la part de la bien-pensance, mais contrairement à moi, qui a été expulsé du monde des médias tel un sans papiers, Jean-Marie, lui, a su tant bien que mal garder un pied dans ce que je qualifierais de « fosse à merde du show-biz... » Le respect que m'inspire Jean-Marie me vient de son travail. Jean-Marie est un laborieux du rire, un travailleur infatigable qui a écumé toutes les salles, dans les moindres recoins de l'hexagone.

Au gré de son inspiration taquine, Jean-Marie s'est aventuré sur des sujets sensibles qui, peu à peu, lui ont valu le bonnet d'âne de la « bien-pensance »... Jean-Marie, comme moi, a toujours été très mal noté par la mafia des médias qui contrôle la culture française. Son parcours ressemble à un chemin de croix, un mélange de mépris et d'humiliation qu'il a porté sur ses épaules, tel un gladiateur dans l'arène. Tous ses faits d'armes me l'ont rendu, comme vous pouvez l'imaginer, sympathique. Et c'est tout naturellement que j'ai accepté de me produire à ses cotés sur les plus grandes scènes de France.

La question que me pose les gens de mon entourage c'est : « Jean-Marie est-il au courant du niveau d'infréquentabilité dans lequel tu te trouves ? »

C'est une question importante effectivement, pour ne pas dire une question cruciale dont dépend directement le bon déroulement de notre ambitieux projet. Je crois avoir clairement expliqué à Jean-Marie qu'en me rejoignant, il allait passer dans une nouvelle catégorie, c'est-à-dire de « crétin officiel » ; il allait devenir un véritable infréquentable, un entrepreneur de la haine. Une fonction qui vous condamne à une exclusion définitive de tout espace d'expression officiel. Les choses étant dites, Jean-Marie a décidé en son âme et conscience d'embarquer dans l'aventure.

Il ne reste plus, donc, au moment où je vous parle, d'écrire ce que sera ce spectacle que nous allons jouer ensemble. Début juin nous nous sommes vus deux jours chez moi en France et nous avons travaillé à une structure du spectacle. Jean-Marie est un formidable conteur qui pratique le stand-up alors que pour ma part, j'interprète des personnages dans des situations. Il nous fallait donc imaginer une articulation permettant à ces deux univers de cohabiter.

Sur le fond, Jean-Marie et moi étions inspirés par des sujets assez proches et nous partagions un amour sincère pour l'œuvre du Christ. Notamment, son « pardon ». Très vite, donc, le thème du pardon s'est imposé comme le thème central de notre spectacle.

L'idée d'ailleurs de l'intituler le « Grand Pardon » nous a traversé l'esprit un cours instant. Ce à quoi Jean-Marie, qu'on ne peut soupçonner d'antisémitisme étant le père de deux enfants juifs, m'a répondu : « Ça fait trop juif ». Je lui ai répondu que cela pourrait être un petit clin d'œil de ma part à la communauté qui me croit antisémite. La réponse de Jean-Marie fût : « Tu sais qui tu es, pas besoin de leur lécher le cul ». J'ai trouvé cette réplique très pertinente et elle allait être d'ailleurs, pour moi, une boussole dans l'aventure de la feuille blanche. Nous voilà donc partis pour ce qui pourrait bien être notre dernier spectacle, en tout cas, c'est dans cet état d'esprit que je me trouve au moment de l'écriture. L'avenir nous le dira. Celui qui connait l'avenir reste silencieux mais ça n'est pas mon cas. Quoi qu'il en soit, sachez que la volonté qui commande la réalisation de ce projet est la volonté de faire rire dans l'amour et dans la miséricorde que nous inspire notre seigneur Jésus-Christ.

2. LES RIRES DE MON ENFANCE

D'aussi loin que je me souvienne, le rire a toujours été pour moi l'expression de la joie et du bonheur face aux inévitables épreuves de la vie. Enfant, je riais de bon cœur, beaucoup plus que mon frère Jaco, plus sensible que moi au sérieux du monde. Je riais tout le temps et en toute occasion, j'attendais la récré pour faire rire mon auditoire. J'ai toujours pensé que l'humour était l'expression la plus sage de la raison. Les personnes adultes qui avaient conservé ce lien avec le monde de l'enfance m'ont permis de croire en l'avenir et en l'humanité… Mon combat pour le rire est un combat pour la vie et je le mènerai jusqu'à mon dernier souffle car je tiens, que dis-je, j'exige que ma mort soit ma dernière farce faite à mes enfants et aux gens qui m'aiment. Le sérieux est en train de tuer ce monde. N'oublions jamais que la guerre est une chose sérieuse faite par des gens sérieux… Trop sérieux… Les gens sérieux nous tiennent par nos peurs et notamment par cette sacro-sainte peur de mourir… La mort, selon eux, est une chose sérieuse.

Je m'inscris en faux… Ne laissons pas la mort aux gens sérieux, ils la rendent triste dans leur solennité macabre… La mort peut être joyeuse et s'accompagner de sourire, c'est cette mort que je me souhaite pour moi et pour les miens : « Pleurez ma perte en riant mes fils et mes filles… Soyez heureux pour moi… La vie n'est qu'une farce parsemée d'épreuves et d'illusions… Seuls les instants de rire et d'amour restent et survivent au temps… Aimez et riez en ce jour de deuil de votre père et comme celui qui m'inspire, pardonnez au monde… Le pardon est la baguette magique de l'Eternel. Soyez joyeux pour moi en ce jour, riez et pleurez en même temps… Soyez la vie qui m'a quitté et riez… Vos rires en ce jour de gloire sont les battements d'ailes qui me permettent de m'éle-ver… Alors riez et laissez-moi m'envoler vers la rigolade éternelle qui m'attend... ».

Voilà ce que j'aimerais dire à mes enfants le jour de mes obsèques… Et qu'il soit inscrit sur ma pierre tombale : « Merci pour tout, on a bien rigolé… à tout de suite… bisous ». Vous l'avez compris, pour moi, le rire est bien plus qu'un mode d'expression. C'est une « religion ». C'est d'ail-leurs pour cette raison que je me considère comme un pèlerin de la farce et du bon mot.

3. RENCONTRE AVEC ÉLIE

Mon engagement pour le rire, a commencé très tôt et m'a suivi toute ma scolarité, jusqu'en terminale. Le sérieux de l'éducation nationale fût pour moi le premier front sur lequel je combattis… Je n'ai jamais cru ne serait-ce qu'une seconde à ce que l'on me racontait et plutôt que de jouer au perroquet et répéter les âneries que l'on essayait de me rentrer dans le crâne à coup de bâton et de carottes, j'ai décidé de me servir de ce théâtre pour travailler l'art de la dérision. Pour moi, jouer au type sérieux, c'est jouer au con et j'ai tout de suite compris que j'avais un sens inné pour interpréter la connerie humaine…

A défaut d'avoir été un bon élève, je dirais que mon incarcération scolaire m'a permis de travailler avec assiduité mon sens de la dérision et c'est à la fin de cette formation forcée que j'ai rencontré mon ami Élie Semoun.

A l'époque, Semoun s'écrivait encore avec un « h » (Semhoun), qu'Élie a retiré par une étrange coquetterie lorsqu'il est monté sur scène… Son idée était certainement de franciser légèrement son nom afin d'apparaître comme un peu plus français de souche… Quant à moi, l'idée de changer ne serait-ce qu'un apostrophe à mon nom ne m'a jamais effleuré… Je dis cela parce que Wikipédia a ajouté deux apostrophes à mon nom qui n'existent pas : M'Bala M'Bala… J'ai demandé (avec ma carte d'identité à l'appui) à ce que ces apostrophes soient retirés mais cela m'a bien évidemment été refusé… Imaginez votre nom avec un apostrophe alors qu'il n'en a pas, c'est désobligeant. Encore une mesure vexatoire infligée au nègre que je suis, à qui l'on refuse d'accorder ne serait-ce que le respect orthographique de son patronyme… « Mbala Mbala » s'écrit ainsi, c'est pourtant pas compliqué. Mon arrière-grand-père ne savait certainement pas écrire mais mon grand-père, lui, savait, et en transmettant son nom à son fils, il l'a orthographié ainsi. Auparavant, nos noms ne s'écrivaient pas, ce qui fait qu'à l'arrivée de l'écriture, chaque famille a choisi son orthographe. Le plus souvent « Mballa » s'écrit avec deux « l » mais jamais avec un apostrophe... Bref, fermons cette parenthèse qui n'intéresse personne, excepté peut-être les Camerounais du centre-sud et plus particulièrement les Ewondos (peuple dont je suis issu).

Mais revenons au sujet, c'est donc en terminale que je rencontre en classe un ami qui se révèle être l'ami d'Élie, un certain Gille S. Nous sommes tous originaires de la banlieue sud de Paris… Élie qui a trois ans de plus que moi habite à Anthony et moi je navigue entre Bagneux et Verrières-Le-Buisson…

Très vite je découvre chez Élie un goût prononcé pour la farce. À l'époque, Élie a déjà un pied dans le monde de la télé et de la publicité, mais son rêve c'est de devenir une star de cinéma et pour y parvenir pourquoi ne pas emprunter le chemin du one-man-show. Il est vrai qu'à l'époque le succès sur la scène humoristique représentait le tremplin idéal pour accéder au cinéma. Personnellement, le spectacle vivant me fascinait déjà beaucoup plus. Les Inconnus occupaient à cette époque le haut de la scène comique et Jean-Marie Bigard, qui a 12 ans de plus que moi, commençait à pointer le bout de son nez dans le top 10 des humoristes les plus populaires de France.

C'est à ce moment là qu'Élie dégotte un agent artistique et enchaîne les petits rôles à la télé et m'entraîne dans cette aventure de la comédie. Parallèlement, nous écrivons des sketchs et commençons à les jouer au Café de la Gare tous les dimanches soir, dans le cadre d'une soirée « scène ouverte » consacrée aux jeunes humoristes en herbe… Nous croisons notamment dans ces soirées Elie Kakou, Dany Boon, Arthus de Penguern et plein d'autres qui rêvaient de devenir des stars de l'humour, de percer comme on dit. Très vite, nous structurons un spectacle que nous allons jouer au Théâtre de Dix Heures, puis les choses s'enchaînent assez rapidement, nous rencontrons

Pascal Legitimus qui nous fait profiter de son expérience et nous voilà lancés sur le chemin du rire « professionnel ».

Un sketch en particulier va marquer l'opinion publique, le sketch « Cohen et Bokassa » qui met en scène un juif et un noir qui en arrivent aux mains pour une histoire de ballon. Grâce à ce sketch, nous allons passer à la télévision qui représentait à l'époque le passage obligatoire pour accéder au grand public. Après ce passage télé on peut dire que nous avions atteint un premier stade de notoriété.

4. LE PREMIER SUCCÈS

Nous étions devenus un duo comique à succès et nous avons enchaîné les salles de spectacle de plus en plus grandes à Paris et en province… Jusqu'à remplir la salle mythique de l'Olympia dans laquelle s'étaient produits les plus grands noms de la scène artistique française et notamment Claude Nougaro que je considérais, et considère encore, comme mon maître des mots.

Nous restons ensemble en duo de 1990 à 1997 pendant cette période nous écrivons deux spectacles, tournons dans un film et réalisons une émission de télé : « La vie des bêtes»… Mais Élie, à cette époque, a encore ce rêve de cinéma qui ne l'a pas lâché et malgré le succès important du duo il décide après m'en avoir parlé d'ailleurs, de saisir sa chance et de partir aux États-Unis pour jouer dans un film avec le comédien Burt Reynolds. C'était un rêve qui s'accomplissait pour Élie et le voilà parti en Amérique - en concorde, je m'en souviens. J'étais très heureux qu'il accomplisse son rêve d'enfant.

Quant à moi, il me fallait rebondir.

5. DIEUDONNÉ TOUT SEUL

Très vite je me remets à écrire… A l'époque, lorsqu'Élie est parti aux États-Unis, c'est moi qui produisais nos spectacles car je n'arrivais pas à me sentir parfaitement libre sur scène avec un producteur. Outre les questions d'argent, je n'arrivais pas à partager mon combat pour le rire avec des entrepreneurs en divertissement.

Je ne dis pas que c'est impossible de trouver une âme-sœur qui vous accompagne dans une telle aventure mais moi je n'en ai pas trouvé. J'étais auteur et interprète de mon œuvre et tout intermédiaire entre moi et le public me dérangeait… Et parasitait autant mon plaisir que mes gains financiers.

Nous étions avant l'avènement d'internet, mais déjà je pressentais que ce qui tue la créativité c'est l'intermédiation entre l'auteur et son public. Avant d'être comédien, je suis auteur et je n'ai pas trouvé plus libre dans ce monde que cette fonction... Le problème que beaucoup d'auteurs rencontrent, c'est d'avoir à expliquer à des intermédiaires ce qu'ils ressentent et pourquoi ils ont écrit ce qu'ils ont écrit. C'est pour conserver ma liberté d'auteur que je suis devenu comédien, puis ensuite producteur, puis éditeur et aujourd'hui diffuseur via internet et ma plateforme… Je n'ai plus aucun intermédiaire et je crois que c'est là l'une des particularités qui m'a permis d'être aussi prolifique dans ma production.

6. INTERNET

L'avènement d'internet a bouleversé le monde de la culture… Le monde du rire n'a pas été épargné. Ceux qui contrôlaient les médias ont été déstabilisés. La culture devenait plus difficilement contrôlable… Ça commençait à partir dans tous les sens. Grâce à internet, j'ai pu me libérer des médias traditionnels qui avaient le monopole dans la diffusion de l'information et donc de la promotion des spectacles… Avoir un bon spectacle ou une bonne chanson est une chose, mais le faire savoir en est une autre. Les propriétaires de ces médias ont senti le vent tourner et ont investi massivement le monde d'internet, ils ont tout acheté et la totalité des plateformes et autres moteurs de recherche sont tombés dans leur escarcelle. Cela a pris une vingtaine d'années pendant lesquelles je me suis développé, toujours dans cette même quête d'indépendance. J'ai très tôt compris que ma survie artistique était dans une indépendance totale et que Google, Youtube, Facebook et même plus récemment TikTok étaient des organes de censure. J'ai donc travaillé pendant 10 ans à des solutions alternatives qui me permettent aujourd'hui d'être « inarrêtable »… A moins bien sûr de me jeter en prison comme le suggère la meute médiatique au service de la mafia.

7. LA PRISON

Tout au bout du chemin de la censure vous avez la case prison. Je pense que tout homme libre et plus particulièrement tout combattant pour le rire, doit envisager cette possibilité de finir en taule.

J'ai été condamné à de multiples reprises à la prison, d'abord par le jeu des « jours-amende » c'est-à-dire que tu payes ou tu vas en prison… Puis la condamnation à la prison avec sursis et enfin la prison ferme avec aménagement. Je suis, au moment où je vous parle, dans l'attente d'une condamnation à de la prison ferme avec mandat de dépôt.

Comme je vous l'ai déjà dit, la prison fait partie de l'œuvre de l'auteur que je suis. Je l'attends avec le sourire car elle sera pour moi la consécration de mon parcours artistique, l'apothéose de mon combat qui est, comme je vous l'ai déjà dit, perdu d'avance dans ce monde du triste et de l'argent, mais au fond, ce combat, je l'ai déjà gagné dans le monde du rire qui est le mien.

« Vous croyez me faire peur avec l'enfermement alors que c'est par lui que j'atteindrai la postérité… Être enfermé pour avoir fait rire, quelle jubilation ! » (Moi)

« Vous croyez me faire peur avec l'enfermement alors que c'est par lui que j'atteindrai la postérité… Être enfermé pour avoir fait rire, quelle jubilation ! » (Moi)

8. 25 SPECTACLES SOLO

Mon travail humoristique avec Élie a duré 6 ans et nous avons fait 2 spectacles. En solo, j'ai produit 25 spectacles en 25 ans soit une moyenne d'un spectacle par an. Bien que ce fût le cas, je n'ai pas cherché à réaliser un record. A titre comparatif, Jean-Marie Bigard a fait 10 spectacles en 30 ans.

Je pense encore une fois que pour rester productif, l'auteur doit se préserver de toute influence extérieure (intéressée !)… Il est important que l'auteur reste face à lui même, car la plupart du temps, les producteurs, les agents ou les attachés de presse vous freinent dans votre créativité, souvent pour tenter d'exister et justifier leur pourcentage. Les moyens de pression de ces professionnels du show-biz restent toujours les mêmes, le premier d'entre eux, c'est la peur. « Si tu fais ça… tu perdras le soutien d'un tel ou d'un tel » et au final on se retrouve avec des auteurs qui n'osent plus et surtout qui sont enfermés dans une posture de star du show-biz, bourgeoise et coupée du monde. La plupart finissent drogués ou dépressifs...

Si j'ai été jusqu'à ce jour l'humoriste le plus prolifique, c'est que j'ai su non pas bien m'entourer, mais au contraire faire le ménage tout autour de moi afin de me retrouver seul face à moi-même et au public. Parce qu'on a beau dire « je sais m'isoler », mais avec le temps, on se laisse bouffer par le système. Le show-biz c'est comme l'alcool ou la drogue, c'est un système qui détruit tout ce qui est beau... Il se nourrit de la beauté comme un vampire aspire le sang d'êtres vivants. Bref, j'ai donc produit 25 spectacles et il m'est impossible de vous dire lequel j'ai préféré. J'ai toujours écrit chacun de mes spectacles comme si c'était le dernier. Je dois reconnaître que certains spectacles ont cependant marqué des étapes.

« Dieudonné tout seul », le premier, a été un moment important qui m'a permis de m'émanciper du duo avec Élie et poser les bases de mon univers. Dans ce spectacle je partais d'un fait divers que je racontais à travers le prisme de différents points de vue. Mon idée était de montrer que la vérité que l'on peut avoir sur un même évènement dépend essentiellement de votre point de vue. Sachant que chaque point de vue est subjectif et ne peux tenir compte de tous les paramètres. Ce premier spectacle m'a également permis de comprendre que j'étais naturellement attiré par des personnages plus vieux que moi à l'époque... Des personnages entre 45 et 60 ans… Et une fois arrivé dans cette tranche d'âge, j'ai naturellement pris encore plus de plaisir à les interpréter…

Le deuxième spectacle important a été « Pardon Judas » en 2003. Je ressentais déjà à cette époque l'importance que le pardon avait dans ma vie… Le pardon et Jésus bien sûr… Car c'est évidemment par lui que le « pardon » prend tout son sens. Jésus sur la croix qui pardonne aux hommes a été pour moi la leçon d'humanité qui m'a touché… Ce que je trouve inspirant chez Jésus c'est sa divine et joyeuse simplicité… On est très loin du style prétentieux de la philosophie des lumières trop sérieuse pour être honnête.

9. THÉÂTRE DE LA MAIN D'OR

Pour travailler mon art, il m'a fallu trouver un laboratoire, un lieu où j'allais pouvoir expérimenter mes idées. C'est dans cet endroit que j'ai peaufiné mes saillies. Le Théâtre de la Main d'Or a été mon atelier pendant presque deux décennies jusqu'à ce que j'en sois chassé au prétexte du plus fallacieux des motifs. La société qui payait le loyer n'était pas la société qui avait signé le bail (Bonnie Production) alors qu'un contrat liait les deux sociétés et alors que Les Productions de la Plume payait le loyer depuis des années… Bref ces deux décennies à la Main d'Or m'ont paru durer 5 ans, je n'ai pas vu le temps passer et puis je me suis retrouvé dans mon bus…

10. LE DIEUDOBUS

Incontestablement, ma plus formidable trouvaille, le Dieudobus. La Liberté totale. Plus aucun intermédiaire si ce n'est se soumettre pleinement aux obligations du code routier. Fini les arrêtés municipaux ou préfectoraux… Finies les commissions de sécurité.

Grâce à mon théâtre mobile j'ai pu me rendre absolument partout, au nez et à la barbe des maîtres censeurs… Le Dieudobus est l'aboutissement de 30 ans de réflexions, pour enfin parvenir à faire rire en toute liberté. Les spectateurs qui m'ont accompagné dans cette expérience unique m'ont tous exprimés le même sentiment celui d'avoir participé à un moment unique de joyeuse liberté… A Paris, en 2020, les associations de la haine qui collaborent à la censure ont saisi mon bus en plein Paris. Nous nous sommes une fois de plus retrouvés sur le trottoir, entourés de policiers et nous avons fui pour nous retrouver dans une rame de métro et c'est là que j'ai fait mon spectacle... Quel souvenir extraordinaire !

Quelle fierté encore de voir le public s'esclaffer au milieu de voyageurs tout ébaubis. Nous avons, ce jour-là, été suivis par la présidente de l'Union des étudiants de la haine. Toute heureuse d'être à l'origine de la censure qui me visait.

Quelques jours après, je récupérais mon bus qui avait été saboté, mais que nous avons très vite réparé pour repartir sur toutes les routes de France.

11. UN HUMOUR QUI DÉRANGE

Parmi les spectacles qui ont provoqué de vives réactions, il y a eu le spectacle « Mes Excuses » en 2004, c'est à partir de ce spectacle, qui était une réponse à la première vague de lynchage survenue après mon sketch « du colon israélien » exécuté face au charmant (mais un peu lâche) Jamel Debbouze.

C'est à partir de ce spectacle « Mes Excuses » que le lobby israélien a commencé à organiser une censure implacable. Mon boycott télévisuel fût, à partir de cet instant, total. Et les premiers procès ont commencé à pleuvoir. A mon niveau, plus ils s'énervaient et plus mon inspiration m'invitait à leur cracher généreusement à la gueule. Malgré l'immense organisation mafieuse qui me faisait obstacle, j'arrivais à survivre grâce aux réseaux sociaux et aux vidéos sur internet, des millions d'internautes me suivaient et continuaient à rire de bon cœur à chacune de mes gesticulations.

Avec le spectacle « Mahmoud » en 2010 j'ai atteint les limites de remplissage du Théâtre de la Main d'Or et je commençais à remplir des Zénith un peu partout en France, mais c'est en 2013 avec le spectacle « Le Mur » que mon œuvre gravit la

dernière marche qui m'a conduit à devenir un phé-
nomène de société.

12. L'ORDONNANCE DIEUDONNÉ

Le 9 Janvier 2014, le conseil d'État va rendre une décision qui va me faire rentrer dans l'histoire de ce pays.

Alors que je m'apprête à jouer mon spectacle « Le Mur » dans le Zénith de Nantes archi comble, Manuel Valls, alors ministre de l'intérieur, demande au préfet de Loire-Atlantique d'émettre un arrêté interdisant l'événement au motif qu'il représentait un important risque de trouble à l'ordre public. Ce jour-là mes avocats étaient sur le pied de guerre. L'excellent Jacques Verdier réussit à faire suspendre l'arrêté du préfet devant le tribunal administratif de Nantes à 16 heures, le jour du spectacle… Battu, le ministre de l'intérieur décida alors de porter l'affaire devant le conseil d'État, la plus haute juridiction administrative de ce pays. L'audience avait lieu à 18 heures le même jour, si bien que mon avocat Maître Verdier n'eut pas le temps de se rendre au conseil d'État situé à Paris… Le conseil d'État annonça qu'il allait me juger sans lui, ce qui bafouait allègrement les règles des droits de la défense…

Je parvins à joindre deux autres de mes avocats qui se trouvaient à Paris, Maître David de Stefano et Maitre Sanjay Mirabeau, afin qu'ils se rendent dans la plus grande hâte au conseil d'État pour défendre mon dossier, mais c'était peine perdue ce jour-là, la décision avait déjà été prise en haut lieu. Le conseil d'État rendit donc son jugement par une ordonnance qui donnait raison à Manuel Valls et interdisait mon spectacle à Nantes sans qu'aucun délit ne fût pourtant commis. C'était la première fois dans l'histoire de France qu'on interdisait un spectacle en France pour des propos qui n'avaient pas encore été prononcés. Cette ordonnance inique porte mon nom, il s'agit de l'ordonnance Dieudonné du 9 Janvier 2014. Je vous invite d'ailleurs à aller faire un tour sur internet pour la consulter.

13. LE PHÉNOMÈNE DIEUDONNÉ

C'est à ce moment là que mon travail d'humoriste est sorti du cadre culturel pour provoquer un débat au sommet de l'État, qui décida à ce moment là qu'« en France la liberté d'expression était totale et que la limite, c'est Dieudonné ! ». Cette phrase a été prononcé par le ministre François Rebsamen au lendemain de la décision controversée du Conseil d'État. Je ne pourrais pas vous dire le nombre d'étudiants en droit qui sont venus me voir pour me raconter les débats enflammés qu'avait provoqué l'affaire Dieudonné au sein de leur université.

L'objectif assumé de cette ordonnance était claire. Me tuer économiquement en me faisant supporter toutes les charges de productions, tout en me privant de l'intégralité de mes recettes. Effectivement le Zénith de Nantes avait été payé et la Fnac, qui gérait l'argent de ma billetterie à l'époque, s'apprêtait à rembourser les spectateurs ce qui faisait que ma société de production allait se retrouver à payer des fortunes en locations de salle, de matériel son et lumière et d'affichage sans pouvoir équilibrer ses comptes avec la vente des billets. Encore une fois c'est toute cette chaîne d'intermédiaires qui finit par vous asphyxier. Heureusement pour la société qui me produisait, les spectateurs ont accepté d'échanger leur billet Fnac contre le DVD du spectacle, ce qui a fait que la Fnac nous a payé et que nous avons pu éviter le dépôt de bilan… Car cette interdiction concernait trois Zénith : Nantes, Tours et Orléans… Je le redis, la volonté de l'Etat était claire, nous neutraliser en nous asphyxiant financièrement.

14. LES CENSEURS

Qui sont les maîtres censeurs en France ? Qui ? Qui ?... Il est interdit de les nommer, alors même que dans mon cas ils sont sortis du bois pour se vanter de m'avoir fait interdire et bannir... Manuel Valls lui-même a clairement expliqué qu'étant premier ministre, il s'était rendu aux États-Unis, au siège de Google pour me faire bannir de Youtube... Le CRIF ne s'est jamais caché d'avoir mené toutes les actions de lobbying pour fermer mes comptes Facebook / Instagram et ma chaîne Youtube. C'est d'ailleurs en grande partie grâce à leurs menaces que je me suis préparé à ces fermetures. Une fois mes comptes et chaînes fermés, le CRIF et les associations de la haine israélienne ont crié victoire... « La fin du match pour Dieudonné », « Clap de fin ». C'était sans compter le réseau que nous avions réussi à mettre en place, un réseau 100 % indépendant qui se trouve sur des serveurs aux quatre coins du monde. Si l'un est piraté un autre prend le relais... Mais s'il y a bien une chose à laquelle les maîtres censeurs ne s'attendaient pas, c'est qu'un humoriste me rejoigne et par la même me fasse revenir sur la scène médiatique.

15. LE RETOUR D'ÉLIE ET DIEUDONNÉ

Parmi les options possibles de mon retour sur la scène humoristique nationale, il y avait l'idée de la reformation du duo Élie et Dieudonné. Symboliquement, je trouvais cela intéressant car moi et Élie arrivions à la soixantaine, nous avions commencé ensemble et finir en duo tous les deux, c'était comme boucler la boucle sur une jolie note de fraternité. L'occasion pour moi d'en finir avec cette étiquette d'antisémite une bonne fois pour toute.

Nous nous sommes donc rapprochés avec Élie en plusieurs étapes. Cela nous a pris quelques années avant d'envisager, pourquoi pas, de se retrouver ensemble sur scène ? Début 2022 nos contacts se sont faits plus nombreux et en avril/mai, nous nous sommes beaucoup parlé. Élie a conditionné notre reformation à une sorte de mea-culpa de ma part.

16. MA RÉDEMPTION

Élie m'a expliqué que j'avais blessé des gens de sa communauté pendant plus de 20 ans et qu'il fallait dans un premier temps que j'exprime une forme de rédemption, de mea-culpa, qui lui permettrait d'envisager sérieusement notre retour.

Je lui ai alors expliqué que si j'ai pu blesser, heurter ou choquer des gens, je n'avais aucun problème à m'en excuser et je lui assurai une nouvelle fois que je n'avais aucune espèce de haine envers sa communauté. Il m'a alors répondu que ce n'était pas suffisant qu'il fallait que je fasse un message ou l'on me sente sincère… J'ai pris le temps de réfléchir et j'ai vraiment essayé de me mettre à sa place. A ce moment là nous sommes en Avril 2022, Élie avait appelé à voter Macron qui était pour moi le dernier choix possible… Pour moi, cette élection se résumait à un seul mot d'ordre : « Tout sauf Macron ». Mais comme je vous le disais, j'étais sincère dans ma démarche et j'ai essayé de comprendre ce qu'il trouvait de bien à Macron… Macron a finalement gagné l'élection présidentielle et j'ai écouté son discours d'investiture. Et je dois dire, à mon grand étonnement que je l'ai trouvé intéressant. Dans ce discours, Macron se présente aux français comme un président nouveau, il nous invite à agir ensemble pour une paix nouvelle… Il nous invite également à regarder le réel en face pour mieux concrétiser notre idéal plutôt que de nous laisser aller à d'illusoires chimères… Il appelle l'association de tous en insistant sur le fait que chacun aura sa part de responsabilité ; il nous dit encore que l'action en ces temps de bascule est jumelle du rassemblement, du respect de la considération de l'association de tous… Alors évidemment, qui pourrait être hostile à d'aussi belles paroles…

L'association de tous, le respect de tous, la considération de tous, en un mot la fraternité… je me suis dit que si Élie était sensible à ce discours, alors d'accord pour répondre à cet appel du président. Je lui ai donc envoyé un message enregistré reprenant ce discours en lui disant que j'étais prêt à apporter ma pierre à l'édifice de la paix et que la reformation de notre duo pouvait en être une magnifique illustration… Amitié, fraternité et humour pour gommer les fractures et les peurs… Élie répondit à ce premier message que ce n'était pas assez profond pas assez sincère qu'il fallait que je fasse pleurer la France… J'ai mis un certain temps avant de lui répondre car je n'arrivais vraiment pas à comprendre ce qu'il me demandait… Je lui ai finalement demandé ce qu'il voulait clairement de moi et il m'a répondu une rédemption sincère… J'ai alors fait des recherches sur internet sur ce qui se cachait derrière ces mots.

Je savais que chez les chrétiens la rédemption était le rachat du genre humain par le Christ, qui donne sa vie par amour pour nous remettre sur le droit chemin mais je ne suis pas le Christ… Et mis à part faire rire mes contemporains je ne vois pas comment incarner le droit chemin. Élie étant de confession ou de culture juive je me suis dit : « allons voir la définition du mot rédemption dans le judaïsme » et je découvrais que dans la religion juive, il existait un terme se rapprochant de ce qu'il me demandait, cela s'appelle faire « techouva ». C'est le fait de se repentir, de revenir à la loi juive… Mais cela peut concerner les non-juifs… Alors j'ai tenté, toujours pour aller dans le sens de ce que me demandait Élie, de prendre contact avec le Grand Rabbin de France Haïm Korsiva pour lui demander conseil mais celui me fit parvenir une « fin de non-recevoir ».

Je me suis dit, peut-être que la « techouva » ne concerne pas les non-juifs. Et puis tout à coup, une lumière s'est allumée. Élie me demandait d'être sincère, je me suis donc dit que c'est ce dont il avait besoin, qu'il fallait que je lui parle sans retenue comme le font deux amis. Je lui ai donc écrit un message qui dit en substance :

« Je ne comprends rien à ton histoire de rédemption, je pense que la reformation de notre duo doit venir d'une volonté forte et réciproque. Je t'ai dit que je m'excusais mais tu m'expliques que ça n'est pas sincère. Tu me demandes une sincérité dont tu es totalement dépourvu et tu ne t'en rends même pas compte. Ton extrême prudence n'arrive plus à cacher ton extrême lâcheté, tu t'es laissé enfermer dans ce petit monde de faux-culs, ce qui a fait de toi le prince des ringards et des « has been »… Dans ton milieu, je suis vu comme la dernière des pourritures, je te l'accorde, mais regarde ce qu'ils ont fait de toi, tu n'arrives même plus à faire rire les grand-mères… Tu voulais de la sincérité, en voilà ! »

Il m'a répondu qu'il allait réfléchir et puis quelques jours après, il me répondait indirectement dans une émission de radio. Dans cette émission il confiait à son interlocuteur tout l'attachement qu'il avait pour moi et expliquait qu'il était ouvert à l'idée de refaire un truc avec moi, mais il fallait pour cela que je réalise un acte de rédemption… C'est à ce moment la que Jean-Marie m'appelle…

« Dieudo, je suis prêt, on y va… On fait notre duo on va casser la baraque. » Je réfléchis une seconde et je lui réponds : « Tu es sûr de ton coup ? Parce qu'Élie est prêt à repartir si j'arrive à comprendre ce qu'il demande ». Il me dit qu'Élie n'aura qu'à nous rejoindre… Je lui réponds : « C'est pas sûr, dans la dernière discussion que j'ai eu avec lui il m'a dit que t'étais fini et que t'étais le roi des beaufs… »

Jean-Marie m'a répondu : « Ça, c'est ce qu'il dit au téléphone, quand il sera en face de moi il me dira qu'il m'adore… ». Je lui ai répondu qu'effectivement cela ressemblait bien au Élie que je connaissais. C'est donc à partir de ce moment que j'ai tapé dans la main de Jean-Marie et que nous nous sommes dit « Banco ».

17. FOUTU POUR FOUTU

L'idée de ce titre m'est venue il y a quelques années, c'était lors de notre première rencontre chez moi, au moment où Jean-Marie commençait à caresser l'idée de faire un duo avec moi. Mais disons qu'à l'époque, il bossait encore à la radio dans l'émission Les Grosses Têtes et clairement il avait la frousse de se faire lourder et de se griller jusqu'à la fin des temps. C'est vrai que dans ce milieu, j'ai pris perpète… Bref. Foutu pour Foutu c'est l'histoire de deux mecs qui en ont pris plein la gueule… Qui rassemblent leurs forces une dernière fois pour jouer tapis… Il n'y aura pas de marche arrière et on appelle le peuple à marcher derrière nous pour retrouver ensemble nos libertés perdues… Alors, je ne me fais pas trop d'illusions, on ne va pas changer le monde ou si on y arrive, ce sera vraiment par accident. Mais l'idée c'est de bien se marrer tous ensemble, même si on doit y laisser notre peau…

18. LA RÉACTION DES MÉDIAS

Quelle sera la réaction des médias à l'annonce de ce spectacle ?

Depuis quelques années la réaction des médias est de faire l'autruche. Dieudonné n'existe plus. La difficulté cette fois-ci sera d'expliquer le silence malgré le succès dans les plus grandes salles de France, d'autant que Jean-Marie a encore un pied dans le système.

Je pense que l'idée sera de nous présenter comme deux artistes complotistes et antisémites avec un public d'extrême droite ; même si nous ne parlons pas de politique dans ce spectacle et qu'aucune allusion ne sera faites à Israël ou à la deuxième guerre mondiale. Je n'imagine pas que les médias subventionnés acceptent d'assurer notre promotion. Jean-Marie aura surement l'accès à quelques plateaux télé mais en ce qui me concerne je n'y aurai pas droit... L'avenir nous le dira.

Jean-Marie ne s'est jamais caché d'être de droite et moi j'ai été classé à l'extrême droite de l'extrême droite !... Alors que je viens des verts et de l'antiracisme. Mais bon aujourd'hui, pour les médias, je suis un méchant nationaliste. Dans la famille des infréquentables, je suis l'une des figures de proue. Il y a quelques mois Hanouna expliquait calmement au micro d'une radio subventionnée qu'il était prêt à inviter tout le monde exceptée une seule personne : Dieudonné.

Comment va-t-il réagir lorsque celui qu'il appelle encore « mon ami », je parle de Jean-Marie Bigard va annoncer qu'il va faire un spectacle avec moi intitulé « Foutu pour Foutu »… Au moment où j'écris ces lignes je ne connais pas la réponse, mais je sais que je ne serai certainement pas invité sur son plateau. Cela dit, ça m'arrange, si Jean-Marie peut s'occuper de cette partie-là, je lui laisse volontiers.

Moi mon boulot. Je le ferai sur scène, c'est ce que j'ai dit à Jean-Marie.

19. LA RÉACTION DU CRIF

Là, ça va être très tendu. Le CRIF s'est engagé à me faire disparaître de tout espace médiatique, tous réseaux confondus. Le fait de me voir débarquer dans toutes les plus grandes salles de France va les faire réagir ! Comment ? Surprise ! Mais il est certain que ma surexposition sera vécue comme une défaite. Vous rendez-vous compte ? Toute cette énergie mise en œuvre pour me faire taire depuis plus de 20 ans et là en quelques semaines, comme par magie, je re-pointe le bout du museau… Il risque d'y avoir de fortes résistances malgré le fait que ce spectacle soit sur le pardon et incite à la paix. Lorsque vous lirez ces lignes vous aurez les réponses à mes questions. Quoi qu'il arrive j'espère poursuivre mon chemin de pèlerin de la farce sans haine.

20. SUSCEPTIBILITÉ ET FRUSTRATION

Lorsque que vous venez du one-man-show, l'exercice du duo vous expose à certaines émotions paradoxales, le fait de partager la scène et donc cette relation privilégiée avec le public vous entraîne dans un jeu de yoyo entre un moment de parlotte et un moment d'écoute. En duo il nous arrive de devenir spectateur mais un spectateur dans la lumière qui participe à l'action.

Pour moi revenir au duo, c'est revenir au partage. Partage des responsabilités, du travail et des recettes… Ce partage peut générer parfois certaines frustrations… L'ego (souvent surdimensionné) de la personne qui a le culot de monter sur scène est à la fois un atout et un handicap. Un atout au sens qu'il faut une certaine inconscience pour s'exposer aux yeux des autres, il faut se laisser aveugler par un sentiment de toute puissance parfaitement illusoire pour incarner au mieux le personnage qui est sur scène. Un personnage qui n'a absolument rien à voir avec la réalité de notre monde. La scène est un monde à part, une autre planète que nous pouvons visiter avec le scaphandre de l'ego. Tout l'art est de savoir retirer ce scaphandre en retournant sur la terre ferme, car en dehors de la scène, dans le monde du réel, ce scaphandre de l'ego devient un handicap gênant qui génère susceptibilité et frustration. Comment allons-nous gérer cet aspect relationnel avec Jean-Marie je ne le sais pas encore mais le profond respect que nous nous portons et notre grande expérience devraient nous permettre d'enjamber aisément cette épreuve !

21. L'ESPACE SCÉNIQUE

De tous les endroits que j'ai pu visiter de par le monde, l'espace scénique et ses coulisses sont, sans nul doute, les plus fascinants et mystérieux qui m'ont été donnés de découvrir. Ce lieu unique est pour moi le dernier espace de liberté d'un monde devenu un immense lieu de détention. Sur scène, jusqu'à peu, tout était permis et puis sous le gouvernement Hollande tout a basculé. J'ai été, malgré moi, le révélateur chimique de cette mutation.

En me faisant interdire de manière préventive par les hautes instances administratives, l'État français a pour la première fois officialisé la censure et imposé à l'expression théâtrale un cadre politique. L'espace scénique est devenu une tribune politique au service d'Israël qui détermine désormais ce qui est conforme ou non à la notion de dignité humaine.

Heureusement le spectacle vivant, comme son nom l'indique, est propice aux surprises, ce qui le rend beaucoup plus dangereux pour nos élites que le cinéma ou la télévision. Une fois le rideau levé tout peut se produire. C'est pour cela que la scène représente pour moi la première division du sport oratoire… On ne peut pas faire semblant. On ne peut pas tricher. Sur scène ça passe ou ça casse, les applaudissements ou les tomates.

Je pense pouvoir dire sans risquer de me tromper que Jean-Marie et moi sommes, parmi les humoristes encore en activité, ayant joué le plus grand nombre de représentations, c'est-à-dire entre 200 et 250 représentations par an. Cette particularité ajoute encore un peu à l'attrait d'une telle aventure.

22. LE TRAC

Malgré une très grande expérience de la scène, le trac demeure toujours. Comment se manifeste-t-il chez moi ? Je dirais qu'avec le temps on l'anticipe, on l'attend. Un rituel s'installe. On va pisser, une fois, deux fois, trois fois, même pour deux ou trois gouttes. C'est nerveux et en même temps très rationnel car une fois sur scène il est très dérangeant d'avoir envie de pisser.

Autrement, je dirais que le trac est un moteur, c'est un mélange de stress, d'impatience et de doute. Le seul remède c'est la concentration.

23. LA CONCENTRATION

Après le trac vient le temps de la concentration. Certains ont besoin d'une heure et d'autres de cinq minutes. C'est un temps indispensable qui vous permet de vous recentrer et de chasser toute forme de doute. Personnellement quelques secondes suffisent car j'ai été obligé de m'adapter à des situations extrêmes… Comme par exemple contourner des policiers avant de monter sur scène… Ou bien attendre le résultat d'un référé administratif qui tombe juste avant de monter sur scène.

Mais l'expérience la plus extravagante fût celle de l'annonce du décès de mon père. Celle-ci me fût faite une dizaine de secondes avant de monter sur scène. Mon père se trouvait à l'hôpital à Yaoundé et moi j'étais à Paris au Théâtre de la Main d'Or. Je suivais l'état de santé de mon père par téléphone avec l'un de mes frères présent sur place à ses côtés. De mon côté je m'apprêtais à monter sur scène, Jacky était passé tester mon micro et me prévient qu'il lance la bande son de 30 secondes qui introduit le spectacle. Je suis derrière les rideaux, j'entends le brouhaha du public. Je vérifie machinalement mon téléphone pour l'éteindre et je remarque un appel en absence de mon frère. Jacky lance la bande son, je me dis alors que j'ai 30 secondes devant moi je rappelle mon frère… Il décroche et m'annonce la voix noyée dans les sanglots : « Papa est parti ». Je lui réponds « Je te rappelle après le spectacle. » Je coupe mon téléphone. Le rideau s'ouvre, je rentre en scène. Et en une seconde, je deviens homme de scène qui va faire rire son public pendant 1h20. J'avais l'impression d'être entre ciel et terre avec lui, les gens riaient, c'est donc que j'étais encore un peu là avec eux.

Je me souviens à la fin que Jacky m'a dit que c'était une représentation un peu spéciale qui lui avait bien plu… Je lui ai appris à ce moment-là la mort de mon père… Il est resté sans voix.

Cette anecdote m'invite à vous parler du concept du sous-marin.

24. LE SOUS-MARIN

Les différentes pressions politiques que j'ai du affronter avec les arrêtés d'interdiction ou les interventions de la police pour faire interrompre mes spectacles m'ont poussé à travailler sur de nouvelles techniques de concentration afin d'éviter les perturbations extérieures. Je veux vous parler là de la technique du sous-marin. Elle consiste à baisser le périscope et gagner les profondeurs de votre conscience, c'est une immersion totale dans le texte que vous avez à interpréter. Lorsque vous atteignez une certaine profondeur plus rien n'existe autour de vous… Il pourrait y avoir le feu dans la salle que vous pourriez continuer à jouer votre partition. Quand vous atteignez cet état vous êtes complètement coupé du monde. Cela m'est arrivé très rarement… A la mort de mon père et aussi lorsque j'ai du jouer mon spectacle au dessus d'un local à poubelle entouré d'un cordon de police devant le public hilare qui se trouvait derrière le cordon, sur le trottoir et la rue. Un autre moment que je n'oublierai jamais. Un combat pour le rire, au corps à corps.

25. L'ÉCRITURE

Au départ de tout spectacle il y a des séances d'écriture qui délimitent un cadre et une bonne partie des dialogues, mais contrairement à un auteur de roman ou d'essai, il n'appartient pas à l'auteur de spectacle de mettre le point final à son œuvre. Au fil des représentations et des interactions avec le public, le texte évolue. L'auteur fabrique le pas de tir et la fusée et ce sont les comédiens qui sont chargés d'amener la fusée aux rires. Dans le cadre d'un duo, chacun arrive avec ses idées. L'autre est le premier spectateur, un spectateur cosmonaute qui va grimper dans la fusée et qui a tout intérêt à ce qu'elle fonctionne…

Je me souviens d'idées que j'ai amenées à Élie et qu'il ne comprenait pas, notamment le sketch de l'hôpital dans lequel un homme (monsieur Pich) refuse d'accepter l'idée que sa femme vient de mourir. Je me souviens du combat qu'il a fallu mener pour lui faire entrevoir l'idée que c'était drôle. Au final ce sketch est devenu l'un de nos plus emblématiques. L'écriture à deux ce n'est pas simple, mais une fois les bases établies et la fusée en place, on est prêt pour le décollage.

26. LES SILENCES

Comme pour la musique, les silences en humour sont indispensables à la mélodie. Les silences ne s'écrivent pas, ils se jouent et lorsqu'ils tombent à leur juste place ils sont capables de provoquer des rires aussi puissants sinon plus que la plus inspirée des saillies drolatiques.

Le silence est une porte ouverte sur l'imaginaire qui permet au public de s'approprier une partie de la création. Il est intéressant d'observer que même le mime qui reste muré dans le silence tout au long de son spectacle ne peut se passer d'une bande musicale... Car sur scène, le silence fait peur et pourtant il est à la base de tout. Lorsque le silence est chargé d'émotion, le temps se suspend et le retour se fait encore plus puissant.

Vous l'aurez compris j'ai une véritable fascination pour les silences et pourtant une salle silencieuse pour un humoriste représente l'ultime souffrance...

Je discutais un jour de cela avec mon ami Stéphane Blet, pianiste extraordinaire, il me disait qu'entendre rire et glousser le public serait un cauchemar, je lui répondais que pour moi c'était le contraire… entendre le silence face à moi alors que je gesticule désespérément pour accrocher ne serait-ce qu'un sourire… là serait le véritable cauchemar… Comme quoi tout est relatif.

que je gesticule désespérément pour accrocher ne serait-ce qu'un sourire… là serait le véritable cauchemar… Comme quoi tout est relatif.

55

27. CONCLUSION AU 7 JUILLET 2022

J'espère que vous avez passé un agréable moment à me lire. Ce que j'ai voulu vous transmettre ici c'est ma passion pour le rire d'abord, mon expérience ensuite et enfin les raisons qui me poussent à poursuivre mon combat pour le rire avec Jean-Marie.

La logique aurait voulu que ce baroud d'honneur se fasse avec mon ami de jeunesse Élie Semoun. Les évènements en ont décidé autrement et je suis heureux qu'il en soit ainsi. Car je me lance dans une aventure inédite pour moi. Et je trouve cela très excitant. Au moment où vous me lisez vous avez des réponses que je n'ai pas encore.

Je peux simplement ici vous donner mes motivations. Le spectacle « Foutu pour Foutu » est le spectacle de la résistance française.

Notre pays est occupé par la tristesse, la censure, la manipulation, le mensonge et l'argent. Il est de notre responsabilité d'amuseurs publics de rendre le rire au peuple. En son temps, Coluche a créé les Restos du Cœur, devenus avec le temps une entreprise de spectacle. Jean-Marie et moi n'avons pas d'autres ambitions que de ramener le rire dans la société. C'est tout ce que nous savons faire. Que dire de plus… ?

Venez voir notre spectacle car il est bien plus qu'un spectacle humoristique il est la preuve vivante qu'il ne faut jamais lâcher.

Et je finirai par une citation :

« Si tu ne trouves pas d'ami sage, prêt à cheminer avec toi, résolu, constant, marche seul, comme un roi après une conquête ou un éléphant dans la forêt. » (Bouddha)

28. LE LANCEMENT DU SPECTACLE

Amis lecteurs, re-bonjour, re-bonsoir. Il s'est passé plusieurs semaines entre le moment ou je reprends l'écriture de cet ouvrage et son début... Près de trois mois et il s'en est passé des choses ! J'ai fini d'écrire la première mouture du spectacle « Foutu pour Foutu » en duo avec Jean-Marie Bigard. Une première mouture que je vous invite à découvrir en annexe à la fin de cet ouvrage. Je suis rentré du Cameroun à la mi-juillet et ai commencé à travailler sur le lancement du spectacle « Foutu pour Foutu ». Nous nous sommes arrêtés à une date de lancement prévu le 29 juillet. Les affiches ont été validées par Jean-Marie et moi-même. L'idée était de faire deux vagues d'affichage. Une première vague avec un visuel de gueules cassés et une deuxième vague nous présentant en chevaliers.

Quelques jours avant le lancement aux alentours du 20, Jean-Marie m'a envoyé un message empreint d'une certaine fébrilité dans lequel il m'indiquait qu'il était en réflexion et qu'il avait peur pour lui et sa famille. Je tentais ensuite de le rappeler sans succès et face à l'impossibilité d'en savoir plus je me suis retourné vers sa productrice Chrystel Camus. Celle-ci s'est montré étonnée mais confiante. «C'est Jean-Marie, il est comme ça mais ne t'inquiète pas il sera bien là». Etrange comportement mais le travail en duo exige une capacité d'adaptation à l'autre indispensable.

Le 29 juillet 2022 arrive et comme prévu nous lançons notre communication sur nos réseaux. Le succès est immédiat et en l'espace de quelques jours ce sont plusieurs milliers de places qui sont vendues... C'est à partir de ce moment là que débute la polémique.

29. JEAN-MARIE SOUS PRESSION

En réponse au succès phénoménal du lancement de notre spectacle, Jean-Marie reçoit des pressions qui le plongent dans un mutisme inquiétant... Il a choisi de rompre le contact avec tout son environnement et notamment son agent et productrice Chrystel Camus. Face à cette situation improbable je découvre un Jean-Marie à fleur de peau qui refuse toute communication directe et qui commence à s'en prendre à sa productrice avec qui il est pourtant lié par un contrat, c'est en tout cas ainsi qu'il m'avait présenté les choses.

Chrystel Camus me confirme de son côté qu'elle a bien un contrat, avec JMB jusqu'en 2023. Elle me rassure dans un premier temps en m'expliquant que Jean-Marie était sous pression et qu'il allait revenir à la raison. Mais plus le temps passe et plus le ton monte entre Jean-Marie et Chrystel jusqu'à ce que les avocats s'en mêlent. N'ayant aucun contrat avec l'un ou l'autre je deviens spectateur d'une scène de ménage entre un artiste et sa productrice. L'avocat de Jean-Marie est entré en contact avec le mien et je suis personnellement sorti de cette crise.

30. LA RÉACTION DES MÉDIAS

Très vite les médias se sont emparés de l'affaire du duo Bigard-Dieudo. Le journal Libération fût le premier à réagir avec une violence que je n'avais pas envisagée... Le journal allait jusqu'à raconter qu'il s'agissait d'un faux spectacle et d'une véritable arnaque dont je serais le principal instigateur et bénéficiaire. Une accusation grave à laquelle Jean-Marie à répondu immédiatement par un message relayé sur ses réseaux sociaux. Un message très élogieux à mon endroit qui précisait que j'étais de bonne foi, que j'étais l'un des humoristes les plus doués de sa génération et qu'il se retirait du projet à cause de la pression. Pour être parfaitement clair veuillez lire ci-après le message que Jean-Marie a publié sur ses réseaux sociaux : «Les amis j'ai enfin récupéré la main sur mon Instagram ! Je rassure tout le monde, Dieudonné à toujours été de bonne foi dans cette histoire ! Pour mettre une bonne fois pour toutes les choses au clair : Dieudonné est, pour moi, l'un des humoristes les plus doués de sa génération et je devais monter sur scène avec lui pour le spectacle FOUTU POUR FOUTU mais après réflexion, compte tenu des pressions, j'ai décidé définitivement de mettre fin au projet de duo et je l'ai officiellement confirmé à ma productrice le 26 juillet. Il n'y a rien de plus à

en dire ni à commenter. Fin de la séquence, passez
un bel été.»

31. LES PRESSIONS DE JEAN-MARIE

Jean-Marie aurait donc subi des pressions et la question que tout le monde lui pose, à ce moment-là c'est : « De quel genre de pression parles-tu Jean-Marie ? » Mais face à cette question simple Jean-Marie reste muet durant de longues semaines... Quelques explications remontent cependant à la surface à travers son environnement, Jean-Marie aurait appelé certaines personnalités du monde du spectacle qui l'auraient dissuadé de se lancer dans l'aventure. Il s'agirait de Laurent Ruquier, d'Elie Semoun et de Laurent Baffie.

A) LAURENT RUQUIER

Laurent Ruquier a la triple casquette d'auteur, d'animateur et de producteur. Il est donc celui qui a le plus d'influence sur Jean-Marie parce qu'il est en position de lui offrir un emploi d'animateur dans son émission de radio. Et également de lui proposer d'être l'auteur de l'un de ses sketchs ou même de son spectacle. C'est visiblement ce levier de pression de l'animateur/employeur qui aura encouragé Jean-Marie à renoncer au duo et à se retirer comme un voleur de sac à main de l'entreprise qu'il avait montée. Cette pression exercée sur Jean-Marie aura eu raison de sa détermination à participer à l'aventure « Foutu pour Foutu ». Le rôle de Laurent Ruquier aura été déterminant, c'est pour cela qu'il aura à s'en expliquer chez Hanouna devant Chrystel Camus.

Le face à face entre ces deux personnalités radicalement différentes aura permis à Cyril Hanouna de réaliser l'une de ses meilleures émissions avec un débat entre deux producteurs qui se disputent un artiste. Un artiste, en l'occurrence JMB qui n'est l'ami, ni de l'un ni de l'autre. Laurent Ruquier précise bien d'ailleurs, lors de ce face à face, qu'il n'est pas l'ami de JMB et que les pressions que JMB dit avoir subi ne sont en réalité que des conseils, non pas d'ami donc, mais d'un producteur averti. Ce que j'ai trouvé de passionnant dans cette joute oratoire, c'est ce paternalisme infantilisant et arrogant que peuvent avoir certains producteurs envers les artistes qu'ils sont sensés défendre. Je n'ai aucune rancœur envers Laurent Ruquier qui me reconnait un certain talent d'auteur et d'interprétation.

Je regrette simplement cette posture de juge qu'il empreinte pour me condamner à l'infamie jusqu'a la fin des temps. J'aurais apprécié plus de neutralité mais il s'en exonère au motif qu'il m'a défendu au lendemain de mon sketch provocateur chez Marc Olivier Fogiel. Et donc parce qu'il m'a défendu à l'époque, il s'autorise aujourd'hui à me condamner à une peine d'exclusion éternelle... Cette extrémisme apparemment gratuit m'a longtemps amusé, ce fût longtemps pour moi, une source d'inspiration, un moteur de mon expression. Toutes ces invectives m'invitaient à répondre dans la surenchère. Mais aujourd'hui tout cela est derrière moi, j'ai choisi la voix du pardon et je n'ai plus pour mes adversaires que de la compassion.

B) LAURENT BAFFIE

Laurent Baffie aurait déconseillé à Jean-Marie de former un duo avec moi. Pourquoi ? Je ne le sais pas. Je ne connais pas Laurent Baffie, je ne l'ai rencontré qu'à quelques occasions il y a longtemps. J'avais participé très modestement à l'une de ses aventures cinématographiques et je gardais un souvenir bienveillant à son endroit. Il avait toujours pris soin de ne jamais me cracher à la gueule avec la meute hurlante. Je pense donc, qu'en ce qui le concerne, les conseils donnés à Jean-Marie était ceux d'un ami qui croyait bien faire. Dès lors je ne vois rien à lui reprocher.

C) ELIE SEMOUN

Elie Semoun déconseillant à JMB de s'asso-cier avec moi ne fût pas une surprise pour moi. Elie était la dernière personne à aller voir puisqu'au fond de lui c'était avec lui que je devais reformer un duo. Donc qu'il soit hostile à notre association me paraissait tout à fait logique. C'est à ce moment là que j'ai compris que JMB était totalement perdu et fragile...

32. LE PARADOXE JMB

J'ai découvert en Jean-Marie une personnalité profondément paradoxale... Un esclave aux rêves de chevalerie. Un fanfaron dans les jupons de sa mère qui n'en demeure pas moins charismatique et attachant. Jean-Marie Bigard danse la valse à trois temps. Un pas en avant et deux pas en arrière. Je ne le juge pas car le paradoxe semble être le propre de l'homme et en l'observant j'en apprends un peu plus sur moi-même et sur l'humanité en général.

Disons qu'en ce qui le concerne, le paradoxe est spectaculaire car quasiment bipolaire. Il y a en lui à la fois un héros au grand cœur, une légende, et un enfant peureux et craintif qui demande assistance et fait pitié... J'ai découvert cet enfant peureux et j'ai pris mes distances pour ne pas l'effrayer davantage.

Je me dis que sa conscience le conduira surement à me retrouver sur le chemin lumineux de la vérité et du pardon.

33. L'APRÈS BIGARD

Une fois le départ de Jean-Marie digéré dans le courant du mois de septembre, je me suis mis en quête d'un nouveau partenaire. C'est à ce moment là que Francis Lalanne m'a contacté. D'un ton ferme et assuré il m'a proposé à défaut de pouvoir convaincre JMB de revenir dans l'aventure, de le remplacer au pied levé. En m'assurant qu'il était déterminé et qu'une fois sa parole donnée, il n'était pas homme à la trahir. J'ai pris bonne note de cette surprenante proposition et en ai fait un sujet de réflexion qui m'habite encore au moment où je vous parle. Pourquoi pas ?!

Un titre m'est rapidement venu à l'esprit: « La belle et la bête ». Sans lâcher bien sûr l'idée centrale du Pardon. L'idée serait de faire cohabiter poésie et humour. Francis dans le rôle du poète et moi dans celui du clown. L'autre idée serait de faire un duo avec un autre Jean-Marie... Le Pen cette fois ! L'affiche est déjà prête et je sens que lui n'aura pas peur des pressions... Notamment de Ruquier, Semoun ou Baffie. Peut-être que sa fille Marine lui mettrait la pression pour qu'il se retire du duo comme Ruquier ou Semoun avec Bigard... Mais je le sens plus solide et plus taquin. Alors, vous allez me dire que Jean-Marie Le Pen est une personne âgée et que participer à un spectacle en tournée semble trop éprouvant. C'est une réalité incontestable mais il pourrait intervenir par l'intermédiaire d'une bande son ou d'une vidéo projetée sur un écran. Bref nous sommes fin septembre et je pars au Cameroun pour écrire cette nouvelle version du spectacle Foutu pour Foutu et pour jeter les premières bases de ce que pourrait être le spectacle « La belle et la bête » avec Francis Lalanne.

34. ULTIME REBONDISSEMENT

Octobre 2022 Kribi (Cameroun)

Je suis donc de retour au Cameroun installé sur la même table de travail improvisée du mois de juillet et j'écris une version numéro 2 du spectacle «Foutu pour Foutu» avec une nouvelle distribution. Au moment où j'écris ces lignes, Francis Lalanne semble tenir la pression mais sa présence n'a pas été annoncée officiellement. Nous nous sommes rencontrés avant mon départ et j'ai trouvé des idées pour l'intégrer à la nouvelle mouture de ce spectacle. Il ne va pas remplacer Jean-Marie qui est irremplaçable. C'est un spectacle entièrement réécrit que je vais lui proposer, dans lequel je ne vais pas lui demander de jouer mais de rester lui-même. Un homme de poésie amoureux de la langue française. L'idée est de lui proposer d'intervenir trois fois, une fois au début, une fois au milieu, et enfin, une fois à la fin du spectacle. A l'intérieur de trois situations complètement différentes.

J'ai également adapté ce spectacle à une version en solo... Pour le bus, au cas où. L'ultime rebondissement est intervenu hier et m'a obligé à faire une vidéo de mise au point, effectivement mon avocat à été contacté par un autre avocat et m'a expliqué que les salles de spectacles initialement prévues et réservées par la productrice de Jean-Marie, Chrystel Camus avaient annoncé que si Jean-Marie n'était pas là, elles annulaient purement et simplement les représentations et interdisaient la communication de leurs noms en association avec le mien auprès du grand public. Le prolongement des pressions jusqu'aux salles de spectacles, il fallait s'y attendre. Mais bon, en 20 ans de censures et de pressions on prend l'habitude de s'adapter. Alors une fois encore nous allons nous adapter. C'est tout le sens du mot spectacle vivant.

Entre le moment où je termine d'écrire ces lignes et le moment où vous les lirez, le spectacle aura déjà commencé... Où ? Comment ? Avec qui ? Quoi qu'il en soit, je serai là, même à pied sous une pluie battante. C'est le prix à payer pour le rêve de liberté que je poursuis. En attendant, je vous propose de lire ce qu'aurait pu être le spectacle avec Jean-Marie, je vous souhaite une bonne lecture et je précise qu'il ne s'agit là que d'une première mouture, qui devait nous servir de base. Merci de m'avoir soutenu toutes ces années durant, mes respects à vous... CHAPEAU BAS !

35. BIGARD CHEZ HANOUNA

Novembre 2022

Finalement j'apprends que Jean-Marie Bigard termine sa carrière comme chroniqueur chez Ruquier et Hanouna. Je constate que l'annonce de notre duo lui aura permis d'être réembauché comme faire-valoir dans des émissions assez pathétiques. Mais je ne me permettrais pas de le juger car je pense que cela représente pour lui une retraite bien méritée... C'est très loin de la fin en beauté qu'il s'était imaginé avec moi mais c'est certainement plus confortable en termes de pression. Il est relégué au rôle de figurant à la télé mais à bien y regarder il a commencé comme ça... Quelque part, pour lui la boucle est bouclée. Bonne retraite Jean-Marie... Heureux de t'avoir permis de rêver quelques instants... De mon côté je repars dans mon bus à la rencontre de la France libre... Au moment où je vous parle, Francis Lalanne ne m'a pas encore donné une réponse définitive. Nous verrons bien. À présent je vous laisse découvrir le spectacle interdit. Bonne lecture.

ANNEXE : LE SPECTACLE

DIEUDO ET BIGARD

FOUTU POUR FOUTU

INTRODUCTION

*Les spectateurs sont installés, la lumière de la
salle baisse à mesure que monte le son de la
musique. C'est une musique solennelle et inspi-
rante, avec des violons.*

*Le public se retrouve dans le noir, les rideaux
s'ouvrent, la lumière de la scène s'intensifie
progressivement en même temps que s'élèvent
le chant des chœurs qui viennent s'ajouter aux
instruments.*

*Sur scène on découvre deux cercueils qui
semblent en suspension sur un tapis de
carboglace.*

Les cercueils sont fermés.

*Les lumières bleutées se reflètent sur les cercueils
et le nuage de carbo…*

*Doucement le son des chœurs est remplacé par un
brouhaha qui mélange des sanglots et des pleurs.*

*La lumière commence à baisser doucement
en même temps que des voix plus distinctes se
détachent du brouhaha …*

*Les voix deviennent de plus en plus distinctes,
jusqu'à être parfaitement audibles…*

*Plus la lumière baisse et plus les voix se détachent
du brouhaha et de la musique qui finissent par
disparaître totalement pour ne laisser entendre
que les commentaires.*

VOIX OFF 1

Ils sont partis en même temps

VOIX OFF 2

Comme l'équipe de Charlie

VOIX OFF 3

Une perte irremplaçable

VOIX OFF 4

Les deux meilleurs humoristes de leur génération

VOIX OFF 5

Et dire qu'on ne les verra jamais ensemble sur
scène…

VOIX OFF 6

Cela aurait été exceptionnel

VOIX OFF 7
On ne vous oubliera jamais

VOIX OFF 8
Gilet jaune, on lâche rien

VOIX OFF 9
Palestine vaincra

La lumière est à présent revenue au noir.

VOIX OFF 10
Saloperie de terrorisme

Changement de musique…

Cette deuxième musique est un mélange de sons étranges qui vont de la goutte d'eau qui résonne dans une grotte à des sons de bulle d'eau qui remontent à la surface…

Cette musique de sons étranges nous transporte dans un univers de science-fiction mais toujours sur fond de musique solennelle.

La lumière remonte doucement, on découvre les deux cercueils ouverts.

Une lumière sort des cercueils.

Jean-Marie entre en scène côté jardin, il est visiblement perdu :

JM

Qu'est-ce que c'est que ce bordel ?! On est où ?!

Dieudonné arrive à cour, tout autant déboussolé

DIEUDO

Y a rien par là non plus ! On dirait qu'on est arrivé dans les coulisses de ce monde… On est passé de l'autre côté… dans l'envers du décor...

JM

Donc on est mort ?! Ils ont fini par nous avoir

DIEUDO

J'en ai bien l'impression. Ça a dû se passer brutalement, on n'a pas eu le temps de comprendre. Ça tient à pas grand-chose l'existence !

JM

Écoute, le dernier truc que j'ai entendu, c'est «Allahou Akbar » et puis y'a eu ce grand « BOUM »

DIEUDO, *s'adresse au vide qui l'entoure*
Y a quelqu'un ?… Putain j'espère qu'on pas fait escale en Israël… Là je suis mort

JM

On est déjà mort

SAINT PIERRE, *voix off*

Oui je suis là !

JM

Quoi ? Qui ? Qui contrôle tout ça ?!

DIEUDO

Attention avec les « qui » !

JM

Attends, on n'est pas des gosses ! Et puis après l'autre «Allahou Akbar » j'en ai marre des surprises… A quoi on joue ? Si c'est Dieu qui nous parle, allons-y… On va pas jouer à cache-cache…

SAINT PIERRE, *voix off*

Non vous n'êtes pas encore rendus au terminus… Là, vous êtes entre ciel et terre… Chez moi… Saint Pierre.

DIEUDO

Merde, le purgatoire c'est un genre de garde à vue… Putain même mort il va falloir encore défendre son steak. On a droit à un avocat ?

JM

Mais arrête, on est innocents !

SAINT PIERRE, *voix off*

Innocent… Innocent… C'est pas ce qu'on m'a dit… J'ai un rapport du CSA sous les yeux… Vous avez un sacré dossier tous les deux… Complotisme… Incitation à la haine. Je vous préviens, c'est ici que ça se décide… Le paradis ou l'enfer

DIEUDO

Mais vous êtes indépendants ou vous dépendez des autorités ?

JM

On a fait les cons mais c'était notre métier

DIEUDO

C'est vrai qu'on a fait les cons avec énormément de professionnalisme. On a obtenu de nos maîtres les plus mauvaises notes… ce qui est plutôt bon signe.

JM

Par contre, Pierrot, si je peux me permettre, côté public on a été soutenu… Entendez-les !

DIEUDO, *semble mécontent*

Qu'est-ce que c'est que ces soutiens ?! Faites du bruit !

Applaudissements hystériques

JM

Étant donné l'ambiance de merde qu'il y a sur terre… C'est pas donné à tout le monde d'arriver à faire rire les gens !

SAINT PIERRE, *voix off*

Je sais… Je sais tout ! Faire rire c'est une chose mais qu'avez-vous fait de réellement remarquable qui pourrait faire de vous des gens bien ?!

JM

Justement on était en pleine rédemption ! Pas vrai Dieudo ?

DIEUDO

On était sur le point de repartir à zéro… Alors pas jusqu'à la circoncision, mais revenir dans le show-biz par la grande porte… En perdant du poids…

par respect pour le public… regardez-moi ces bedaines…

JM

On a pris conscience qu'on devait donner l'exemple… A commencer par l'alimentation… C'est vrai qu'on s'était un peu laissé aller en prenant de l'âge… Au moment de… euh… l'accident on va dire, on était dans une épicerie bio… on s'était branchés « fibres »…

DIEUDO

Ah ! Oui ça me revient… Asperge/Brocolis… On allait pour payer et là y a ce mec qui est entré dans l'épicerie… Je me souviens, il était tout chiasseux avec une petite barbichette de grand-mère…

JM

C'est vrai qu'il était pas vieux le bougre. Il bredouillait des trucs c'était à peine audible… Des trucs en arabe je crois avec un accent belge… Putain Dieudo c'était un terroriste tout me revient… On est morts dans un attentat comme Wolinski, Plantu.

DIEUDO

Putain ça me revient on avait écrit un bouquin ensemble avec Tignous, l'une des victimes… oui ça me revient… il est passé devant nous et il s'est

placé devant le rayon charcuterie… j'ai senti qu'il
y a un truc qui ne collait pas… il était tout trem-
blotant… ça devait être un converti… Il était pas
à 100 %.

JM

C'est sûr il était tout pâlot… je me suis dit « il
nous fait peut-être une hypoglycémie »… il a certainement une petite fringale…

DIEUDO

Et puis en passant devant nous, il emmenait avec
lui une sorte d'odeur âcre…

JM

Une odeur de merde tu veux dire.

DIEUDO

J'osais pas le dire par respect pour ses convictions
mais t'as raison, je pense après coup qu'il se chiait
dessus… rien à voir avec les mecs de la propagande
de l'état islamique qui égorgent avec le sourire et
qui trainent les corps derrière les pickups Toyota…
Bon, on est peut être tombés sur un cas spécial…

JM

Moi j'ai nettement remarqué son petit paquet aux
fesses qui doucement lui descendait à hauteur des

genoux… Il a vu que j'ai vu et c'est là qu'il a tenté de gueuler mais ça sortait pas… il s'y est repris à trois fois… On a entendu «Allahou Akbar » mais c'était la voix d'une fillette de sept ans… j'ai même souri… et là…Un grand boum on a vu passer ses deux jambes et une toute petite couille dans du coton, coup de bol la merde est resté stocké dans le bas du jogging

DIEUDO

Il faisait un peu pitié, en même temps il ne s'est pas loupé… quand tu veux te suicider, la ceinture d'explosif c'est très efficace... (s'adresse à Saint-Pierre) … Il a dû passer ici avant nous… non ?!

JM

Non, c'est pas les mêmes services… Tu vois bien, y a pas de vierge ici…

SAINT PIERRE, *voix off*
Lui avez-vous pardonné ?

Dieudo et Jean-Marie se regardent dubitatifs

DIEUDO

Disons… il nous a tués quand même… On n'a quand même rien à voir avec l'intervention de l'OTAN en Irak ou je ne sais où.

JM

En même temps à quoi bon le haïr… ça pèse lourd la haine… autant pardonner ça allège la vie.

SAINT PIERRE, *voix off*

Pardonnez-vous aussi à ceux qui vous ont offensés ?

DIEUDO

Je pardonne

JM

Moi aussi je lui pardonne putain… comme j'ai pardonné à celui qui a tué mon père

SAINT PIERRE, *voix off*

Vous êtes de bons chrétiens… et vous avez de la chance aujourd'hui Dieu est très occupé… filez… redescendez sur terre prêcher le pardon jusqu'à ce que Dieu vous rappelle à lui…

Retour de la musique.

Noir.

La musique se transforme pour devenir une musique d'ascenseur plus Jazz…

2ÈME TABLEAU : LE PSY (THÈME DE LA FOLIE)

Lumière sur la scène on découvre une chaise et un divan.

On frappe à la porte (toc toc).

La musique continue en sourdine comme dans le théâtre de boulevard puis s'arrête dès qu'ils parlent.

Dieudo entre en scène côté cour et traverse la scène pour ouvrir une porte imaginaire et accueillir Jean Marie. Dans le début de ce Sketch Dieudo joue le rôle du psy et Jean-Marie le rôle du patient.

DIEUDO

Entrez, je vous en prie Monsieur Bigard je vous attendais… Veuillez-vous installer sur le sofa

Son off de bruit de rats qui courent sur le parquet, Jean Marie sursaute

JM

Qu'est-ce que c'est ?!

DIEUDO

Ne faites pas attention aux rats… ils sont domestiqués. Détendez-vous Monsieur Bigard. Monsieur Bigard, nous allons commencer la séance… c'est votre première psychanalyse ?

JM

Oh la ! Non… Mais là j'ai rien demandé… c'est simplement pour pouvoir travailler…

DIEUDO

Tout à fait le ministère de la culture m'a chargé d'évaluer si oui ou non la société peut encore vous considérer encore comme un humoriste… ou êtes-vous devenu, comme le pense certains médias, le porte-voix du conspirationnisme le plus crasse ?

JM

Evaluez-moi je n'ai rien à cacher

DIEUDO

Tant mieux… Vous étiez l'un des humoristes les plus populaires de ce pays… mais également l'un des plus vulgaire, vous en convenez ?

JM

Heu oui mais enfin vulgaire qu'est-ce que vous entendez réellement par vulgaire ?

DIEUDO

Ça ! *(Il envoie la vidéo d'extrait où l'on voit Jean-Marie mimer une fellation)*

JM

Oui d'accord, mais ça c'est pas vraiment vulgaire.

DIEUDO

Si monsieur Bigard.

JM

Pour moi ce qui est vulgaire, ce qui est sale, c'est ce cynisme des élites qui ne cessent de mentir au peuple… elle est là la véritable pornographie dégueulasse… les vaccins expérimentaux qui assassinent. Moi je n'ai tué personne.

DIEUDO

Vous avez des pulsions complotistes, ça c'est l'autre sujet, mais revenons à votre humour bite/couilles/poils... Qui fait de vous l'artiste le plus beauf de France. Vous tirez la société vers le bas… vers ses instincts primaires, *il mime Bigard,* On aurait pu vous pardonner tout ça mais il y a plus inquiétant… Vous en êtes où aujourd'hui avec l'avion dans le pentagone ?!

JM

Ça va ! J'arrive à le voir dans mes rêves

DIEUDO

Mais la version officielle vous y croyez maintenant ?

JM

La version obligatoire vous voulez dire ?!

DIEUDO

Nous sommes dans un pays libre Monsieur Bigard… Vous avez le droit de croire ou de ne pas croire… après il y a un prix à payer pour chaque chose.

Dieudo se lève et va saluer une personne imaginaire

DIEUDO

Bonjour Monsieur le Président… justement je m'occupe du dossier… on avance doucement je vous tiens informé.

Dieudo revient s'asseoir comme si de rien n'était.

JM

Ça va docteur ?! Vous êtes au courant que vous êtes en train de parler tout seul ?

DIEUDO

Je suis dans une réalité, Monsieur Bigard, que vous refusez d'affronter… *petit cri de fou,* vous êtes en train de nous quitter monsieur Bigard… vous devenez fou.

Dieudo appuie sur la touche d'un téléphone imaginaire pour communiquer avec la secrétaire

DIEUDO

Anne-Laure appelez-moi le président de la cour d'appel, dites-lui ok pour ce soir… On va baiser des gosses…

Dieudo revient s'asseoir, l'air de rien

JM

C'est vous le taré… Je vous pardonne mais laissez-moi poursuivre mon chemin.

DIEUDO

Vous êtes dangereux monsieur Bigard… Vous parlez trop… vous vivez dans votre bulle… Alors que la guerre est à notre porte !

Son off (toc toc)
Dieudo se lève à nouveau et s'adresse à un soldat ukrainien imaginaire en Russe

DIEUDO

Poutsch qué di niesk, je viens vous chercher en salle d'attente

Dieudo retourne s'asseoir auprès de Jean-Marie

DIEUDO

Alors monsieur Bigard, que signifie pour vous ce duo improbable avec Dieudonné… une pulsion suicidaire ?! Foutu pour Foutu… Allahou Akbar… Banzaï… Où allez-vous ?

JM

Je ne désire qu'une chose docteur, c'est voir rire les gens.

DIEUDO

Avec des blagues conspirationnistes ou pire encore, antisémite ?

JM

Non, l'antisémitisme ça n'est pas drôle

Dieudo s'énerve il se lève

DIEUDO

Et partager la scène avec un entrepreneur de la haine, c'est drôle ?!

Diffusion des hommes politiques qui ont craché à la gueule de Dieudonné

DIEUDO, *au bord de l'explosion*
Shoananas, les quenelles, ça vous fait rire ?!

Jean-Marie se lève à son tour et accompagne Dieudo pour qu'il s'asseye à sa place

JM

J'ai pardonné docteur, à vous maintenant.

DIEUDO, *hystérique*
Jamais… Jamais je ne pardonnerai docteur !

JM, *change de ton, il devient le psy et Dieudo le patient*

Le moment est venu de reconnaître vos fautes Dieudonné.

DIEUDO

Oui docteur j'ai pratiqué la surenchère… C'est vrai j'ai choqué, heurté, blessé même, mais je m'en suis toujours excusé… malgré cela, on m'a lynché, on m'a insulté… mais aujourd'hui je pardonne car telle est ma mission…

Jean-Marie se lève et fait mine de s'adresser à son tour à un personnage imaginaire

JM

Bonsoir Monsieur Seguin, vous êtes très en avance dites-moi… comment va votre chèvre ? Elle est effrayée ? Ben oui, mais faudrait arrêter de la bourrer comme une pute de parking… On en a déjà parlé monsieur Seguin… repassez me voir dans 15 minutes.

Jean-Marie reprend sa place

DIEUDO

C'est le monsieur Seguin de l'histoire ?

JM

Oui c'est le show-biz, ils font n'importe quoi avec leur quéquette...

DIEUDO

Je n'en fais pas partie.

JM

Je sais bien monsieur Mbala. Vous en avez été exclu suite à vos nombreux dérapages. Mais vous pensez sérieusement que c'est en vous associant à Monsieur Bigard que vous allez réintégrer la jet-set ?

extrait Bigard

JM

Ca vous fait rire ?

DIEUDO

Oui, je trouve ça drôle

JM

La vérité c'est que vous vous ressemblez... Vous êtes incurables...

Noir.

Musique de transition qui introduit le nouveau tableau.

3ÈME TABLEAU : LA GUERRE

Lumière stroboscopique accompagnées de sons d'explosion et de tir de fusil d'assauts.

Dieudo entre en scène à jardin... Dieudo soutient Jean-Marie qui souffre... On imagine qu'ils reviennent du front et que Jean-Marie s'est fait toucher.

Jean-Marie s'assoit sur une chaise

JM

Qu'est-ce qu'elle fout là cette chaise ? En plein milieu des tranchées !

DIEUDO

Je sais pas.

JM

Ahrrr... Putain ils m'ont eu... Je vais crever... Tire-toi le moricaud ... Sauve ta peau...

Jean-Marie sort de son personnage et s'exprime en aparté au public

JM

Alors… Attention nous sommes en 1917 pendant la première guerre et à cette période, l'expression « moricaud » signifie une personne basanée, aussi appelé un noiraud.

DIEUDO, *avec un accent africain*

Tu fais bien de préciser pour éviter le procès, j'étais à deux doigts de me porter partie civile.

JM

C'est là, à cette époque, qu'on pouvait dire d'un homme noir qu'il était noir, maintenant on doit dire quoi ?

DIEUDO

On doit dire qu'il est blanc, et que c'est peut être une femme, c'est ça le respect de l'autre... C'est le fait de ne pas le cataloguer dans un stéréotype... C'est le progrès.

JM

Je crois même qu'il faut dire « iel », c'est à dire lui laisser le choix d'être qui il veut.

DIEUDO

C'est un vrai sujet mais revenons au sketch Jean-Marie.

JM

On est où le moricaud ?

DIEUDO

Dans un trou d'obus… on est hors de portée

JM

Je vais crever… Je sens plus ma bite putain… c'est la fin…

DIEUDO

Le sang est en train quitter… Il faut faire le « garrot ».

JM

Me touche pas le moricaud, va plutôt me chercher un médecin blanc, *au public,* Il faut que je vous dise qu'à l'époque…

DIEUDO

Non, c'est bon Jean-Marie je crois qu'ils ont compris.

JM

Tu viens d'où moricaud ?

DIEUDO

Je viens du Sénégal… de Casamance…

JM, *pensif*

Mouais… Et t'es venu te battre contre les schleus ?
Pour la France ?

DIEUDO

Oui mon capitaine.

JM

Je suis sergent, oui mon sergent.

DIEUDO

D'accord mon capitaine.

JM

Bon laisse tomber.

> *Dieudo tente de l'aider mais Jean-Marie le*
> *repousse*

JM

Me touche pas putain !

*Long silence, chacun se regarde du coin de l'œil,
quelques explosions résonnent au loin. Dieudo
sort une photo de sa poche et la regarde.*

JM

Qu'est-ce que tu regardes ? Montre ! C'est ta
petite femelle … hum mon salaud… Montre !

Dieudo lui tend la photo

DIEUDO

C'est ma deuxième épouse, Nafissatou

JM

Elle est mignonne… *en regardant de plus près,*
mais elle n'est pas un peu jeune ?

DIEUDO

Elle a 13 ans. C'est déjà une femme… Il m'en fallait une plus jeune… La première a mon âge mais
elle n'arrive pas à faire d'enfants…

JM

Ça c'est parce que tu sais pas t'y prendre… une
bonne femme c'est comme une baraque… t'as
plusieurs entrées… c'est universel… T'as la porte
d'entrée par où arrive la marmaille et t'as la petite

porte du jardin qui sert normalement à sortir les poubelles. Mais si t'es fourrés dans le jardin en permanence, c'est normal que ça foire.

DIEUDO

Elle pense que si ça ne fonctionne pas, c'est parce que nous deux ça n'est pas un mariage d'amour, les vieux avaient arrangé ça lorsqu'on avait 15 ans.

JM

L'amour ça n'a rien à voir là-dedans, c'est une histoire d'orifice, c'est juste à côté et comme tu m'a l'air bigleux… On descend pas à la cave pour faire pousser des salades… Ton problème il est là le moricaud… tu peux le tourner dans tous les sens tout ce qui va lui sortir du trou de balle ça n'ira jamais à la maternelle et ce que je te dis, ça marche aussi bien pour les musulmans que pour les chrétiens.

DIEUDO

Tu as combien de femmes mon capitaine ?

JM

Une seule le moricaud… On n'est pas des animaux nous ! Chez les chrétiens on a une femme pour toute la vie. Eh oui le moricaud !

DIEUDO

Et toutes les putes que vous vous tapez à côté ?

JM

C'est différent c'est ce qu'on appelle des entraî-
neuses… comme son nom l'indique, c'est pour
l'entraînement… Et puis, c'est pas un moricaud polygame qui va nous donner des cours de
morale… Oui tu peux me regarder, les putes c'est
de l'entraînement… Prends-en de la graine toi qui
n'arrive pas à te reproduire… Si tu veux gagner
le match faudrait apprendre à marquer des buts...
Putain je me sens partir, si on m'avait dit que je
crèverai dans les bras d'un moricaud…Putain de
guerre...

DIEUDO

Alors tu vas mourir mon capitaine ?

JM

Oui c'est ça, le capitaine va tomber pour la
France… en héros sur le champ de bataille… Tu
diras une prière quand je m'arrêterai de respirer ?!

DIEUDO

En swahili ?

JM

En ce que tu veux, mais si tu t'adresses à Jésus, te plante pas… m'entraîne pas dans tes trucs de bougnoules… c'est promis ?!

Jean-Marie agonise.

DIEUDO

Capitaine ?! Capitaine ?! Allah… Heu non, Jésus, accepte mon capitaine à tes côtés…Il l'a bien mérité, c'était un bon capitaine il parlait bien des femmes même s'il exagérait parfois un peu parce qu'il était focalisé sur le trou du cul… mais accueille-le dans ton Royaume Seigneur…

Jean-Marie gémit

DIEUDO

Seigneur, entends son dernier souffle…

Son off : bruit de pet, suivi de musique avec des chants de chœurs

DIEUDO

Adieu

Noir.

JM

Bon, bah voilà ! Dans le tableau qui va suivre, moi et Dieudo… On est… comment dire… un couple homosexuel… comme vous en trouvez beaucoup aujourd'hui au gouvernement et dans les élites culturelles de ce pays. Et comme la plupart de ces couples mariés et sans histoires, moi et Dieudo désirons plus que tout un enfant…Voilà le postulat de ce sketch… C'est un sujet grave sensible que nous avons tenté d'aborder avec le respect de la dignité qui s'impose… Mais je bavarde, je bavarde, place au spectacle… Place à l'amour...

4ÈME TABLEAU : LE COUPLE HOMOSEXUEL

JM

Bonsoir mamour en chocolat !

DIEUDO

Bonsoir ma méduse, qu'est ce qui t'arrive ? Je te sens tout chose…

JM

Ben toujours la même chose… c'est cette histoire de gamin… tu le sais bien que ça me travaille… pour moi la vie n'a aucun sens sans enfant…

DIEUDO

Mais je suis là mon cœur… on s'aime non ?! On est bien tous les deux…

JM

Je veux un gosse… t'es sourd… *à lui-même* Putain j'ai des envies de fraises… j'ai les seins qui gonflent.

DIEUDO

C'est psychologique ma libellule… ça te fait ça quand tu mélange les alcools.

JM

Non, là c'est différent, tu peux pas comprendre je veux être mère, c'est dans mes gènes, je veux un bébé je veux lui donner le sein.

DIEUDO

Mais arrête tes conneries, ça peut pas marcher…

JM

Je me vois lui torcher le cul… avec la langue...

DIEUDO

Mais je suis là pour ce genre de choses !

JM

Quand il sera en âge de le faire je lui apprendrai à se faire enculer… à devenir un bon petit français.

DIEUDO

On peut adopter un petit ukrainien… ou un yéménite !

JM

Non, je veux un gosse de ma race… de mon sang… je veux fusionner.

DIEUDO

Autrement, on peut louer un ventre comme ça se fait maintenant… on achète un ovule on le féconde et on se trouve une bonne femme ou un cochon pour la gestation.

JM

Je veux que ce soit un acte d'amour.

DIEUDO

Ben je ne parle que de ça… Regarde… On se branle tous les deux dans un bol tu sais comme on fait à chaque fois dans la vinaigrette pour donner du goût… mais cette fois pas d'huile pas de vinaigre, on balance l'ovule dans la sauce tu mets ça au bain marie et que le meilleur gagne.

JM

Toute façon, au niveau de la couleur, on va savoir tout de suite.

DIEUDO

Je vois que sur Uber ils vendent des ovules… Et ils livrent à domicile… et pour la gestation, pareil… ils s'occupent de tout… Y a tout sur internet… tiens, regarde, ils te vendent même des trous du cul d'éléphants… que tu peux te faire greffer…

JM

Moi je trouve ça contre-nature…

DIEUDO

Faut pas dire ça mon lapin… Hier encore on nous traitait de déviants, de pédales contre-nature… et aujourd'hui on est devenu le symbole de la démocratie… Regarde un jeune migrant qui veut être accepté en tant que réfugié… ben il lui suffit de dire qu'il est pédé… et là on lui donne son passeport et de l'argent.

JM

Ça marche s'il est trans ou non genré ?

DIEUDO

Qui peut le plus peut le moins… Eux, ils ont toutes les chances d'intégrer l'enseignement ou même devenir ministre. C'est l'évolution… c'est le progrès.

JM

Et ben moi je trouve ça grave… Je trouve ça contre-nature. Au risque de passer pour un réac, je pense qu'il faut quand même respecter une certaine morale… certaines valeurs… On est peut-être deux grosses pédales mais je dis que la société doit pouvoir se poser des limites... Deux hommes

ensemble ou deux femmes ça va... Mais au-delà,
c'est pas normal.

5ÈME TABLEAU : LA MALADIE (THÈME DE LA SANTÉ/DE LA VIEILLESSE)

Jean-Marie entre dans le cabinet du docteur Mfoudi

JM

Bonsoir docteur… J'ai mal.

DIEUDO

Alors vous êtes monsieur… ?

JM

Bigard, Jean-Marie Bigard.

DIEUDO

Qu'est-ce qui vous amène.

JM

Je ne peux plus m'asseoir !

DIEUDO

Les hémorroïdes… c'est ça.

JM

Je suppose.

DIEUDO

Vous faites quoi dans la vie ?

JM

Je suis flic en banlieue.

DIEUDO

Beaucoup de stress, écartez les jambes.

JM

Effectivement le stress ne manque pas ! Encore un collègue qui vient de se tirer une balle… la semaine dernière… On n'en peut plus…

DIEUDO

Oh la la… C'est triste tout ça… Je vais prendre votre tension.

Dieudo se place à côté de Jean-Marie et lui prend la tension au niveau de la tête

JM

C'est pas au bras la tension ?

DIEUDO

Le stress c'est plutôt dans la tête que ça se passe.

JM

Oui, c'est logique.

DIEUDO

Vingt-sept ! Tout est normal… Un peu de surmenage… *Dieudo retourne s'assoir sur sa chaise,* asseyez-vous je vous en pris… *Jean-Marie constate qu'il n'y a pas de chaise,* et pourquoi s'est-il suicidé votre collègue ?

JM

Sa femme l'a quitté pour un arabe.

DIEUDO

D'accord elle s'est mise à la merguez et lui n'a pas supporté… Et le résultat, vous vous êtes retrouvé avec une grappe de raisin au niveau de l'anus… En parlant de raisin… Vous buvez ?

JM

Normalement entre 2 et 3 bouteilles de rouge par jour.

DIEUDO

Non, ça va… il va falloir augmenter progressivement… à votre âge la consommation normale se
situe aux alentours de 6 bouteilles. Une le matin,
deux avant la sieste et trois au couch.

JM

Je sais docteur mais je n'y arrive plus… j'ai plus
la volonté, je me relâche…

DIEUDO

Il faut s'accrocher… Vous buvez de l'eau de
temps en temps ?

JM

Le week-end en soirée.

DIEUDO

D'accord, c'est de l'eau festive.

JM

Oui… j'ai fait un break pendant deux mois… Je
m'arrête quand je veux.

DIEUDO

Oui parce qu'il faut faire attention avec l'eau… On devient vite dépendant… Votre collègue consommait-il de l'eau ?

JM

De l'eau plate ! Je lui disais : « arrête Jean-Marc, tu es en train de te tuer à petit feu ! »

Jean-Marie souffre du cul

DIEUDO

Vous avez mal ?!

JM

J'en peux plus docteur, opérez-moi ! Retirez-moi la rondelle !

DIEUDO

On pourrait raboter mais je préfère commencer par une médecine douce à base de plante…

JM

Quelle plante ?

DIEUDO

Piment/poivre/Fleurs de moutarde… c'est excellent ! Avec ça je vais vous prescrire de l'alcool fort… Rhum/tequila, gin/Red bull… En quantité illimitée.

JM

D'accord.

DIEUDO

Je vous mettrai bien sous cocaïne pendant une semaine… en plus…

JM

On m'avait prévenu que vous étiez surprenant… Je le constate.

DIEUDO

Oui, je préconise des traitements avant-gardistes… j'ai un taux de guérison qui approche les 1 %.

JM

Vous voulez dire les 100 %

Ils se regardent dubitatifs

DIEUDO

Vous êtes vacciné ?!

JM

Heu…

DIEUDO

Ça n'est pas sérieux Monsieur Bigard… à votre
âge… on va rattraper ça… je vais vous mettre 20
doses… il faudra rester couché une semaine je vais
noter ça sur l'ordonnance.

JM

Et si je refuse ?

DIEUDO

Vous ne pouvez pas, je suis médecin… j'ordonne.

JM

Mais qui me dit que vous n'êtes pas en train de
m'assassiner ?

DIEUDO

Malheureusement, ça on ne peut pas vraiment savoir… La médecine est une science aléatoire… Nous n'avons pas d'obligation de résultat comme n'importe quel artisan. Nous n'avons pas la garantie décennale.

Noir.

6ÈME TABLEAU : LA CONNERIE AU VOLANT

Jean-Marie est debout, face au public tandis que Dieudo est assis sur une chaise derrière lui les mains sur un volant imaginaire.

JM

Nous sommes là ce soir pour vivre la connerie humaine et quoi de plus exemplaire que la connerie au volant.

Jean-Marie s'assoit sur sa chaise et mime lui aussi le conducteur d'une voiture (son off bruit de circulation)
Les deux voitures se rapprochent dangereusement...

DIEUDO, *à sa femme imaginaire avec un accent antillais*

C'est pas vrai... Regarde-moi ce connard... Il veut forcer le passage. Non ma chérie... Tu peux me croire je le laisserai pas passer... Je préfère crever... Oui, prendre le risque de nous tuer tous les deux, c'est une question de dignité humaine... Tu peux pas comprendre... T'es une bonne femme, t'as pas de principe.

JM

Regarde-moi l'autre bamboula... Et la priorité à droite, on est pas à Yaoundé… Chita !

DIEUDO, *avec l'accent Antillais*
Il me parle ce connard ?!

Dieudo fait un doigt d'honneur

JM

T'as vu ?! Il m'a fait un doigt d'honneur… attends, j'ouvre la vitre, *à Dieudo,* Tu te crois dans ta jungle le gorille… *à sa femme,* attends… on est chez nous ou on n'est pas chez nous ?!

DIEUDO

Dans le cul de ta mère, fils de pute !

JM

T'as entendu ?! Il a insulté maman… OK, sors le pistolet d'alarme… là… dans la boite à gants… je le bloque.

Son off: Les voitures s'arrêtent, chacun sort de son véhicule et ils se retrouvent face à face...
Jean-Marie tient son flingue à la main...

JM

Alors on fait moins le malin…

DIEUDO

Et ben vas-y pauv' con, t'as pas les couilles ! Vas -y tire espèce de pédé !… Hein, dis à ta femme que t'aime te faire enculer… c'est même pas un vrai flingue…

JM

C'est pas un vrai flingue ?!

DIEUDO

Non c'est un jouet pour les trans de ton espèce… Mets-le toi directement dans le cul… au moins il servira à quelque chose… avec ta petite gueule d'étui !

JM

Parle français on comprend rien… Retiens-moi ma chérie je vais faire une grosse connerie… Vivement Le Pen qu'elle nous débarrasse de cette racaille !

DIEUDO

Marine ?! On a voté pour elle à 70 % dans les Antilles !

JM

Ça m'étonnerait !?

DIEUDO

Ah si je t'assure… Chez nous c'est tout sauf ce pédé de Macron

JM

Ah ouais ?! Et ben sur ce sujet on est d'accord, qu'ils aillent tous se faire enculer… Je suis un gilet jaune, *il range son flingue,* on a tenu le rond-point de la sous-préf avec ma femme pendant 6 mois…

DIEUDO

Ah oui vous me rappelez quelque chose… Je passais devant tous les matins, je bosse à l'hôpital… Avant d'être suspendu parce que j'ai refusé d'être vacciné…

JM

Ah ben on est de la même équipe… Passez prendre l'apéro à la maison… Tiens je te laisse ma carte…

coup de klaxon

DIEUDO

Bon, on va créer un embouteillage… Ça marche j'amène le rhum.

JM

Sympa l'antillais… Il a voté Marine

DIEUDO

Sympa finalement ce mec… C'est un gilet jaune

Il se font signe de passer mutuellement sur le son des klaxons des automobilistes derrière qui s'impatientent… Ils finissent par se rentrer dedans

7ÈME TABLEAU : LE DÉBAT RN/ NUPES

JM et Dieudo sont face à face devant une table.
Dieudo a une perruque sur la tête
Musique jingle télé façon émission de débat

VOIX OFF

Bonsoir et bienvenu sur BFM-TV pour ce grand débat de l'entre-deux tours de ces élections législatives de 2022 qui va opposer dans la 4ème circonscription du Nord-Pas-de-Calais Gilbert Chevrotine candidat du RN à Paprika Sanchez candidate du NUPES. Nous invitons nos débatteurs au respect et à la courtoisie. Première question sur le pouvoir d'achat… Monsieur Chevrotine, c'est à vous… Le tirage au sort vous a donner la parole en premier

JM

Le pouvoir d'achat, dites-vous, c'est très simple… Redonnez la priorité à la France et aux français. Arrêtons d'acheter ailleurs ce que nous savons produire… Priorité aux entreprises françaises.

DIEUDO, *perruque sur la tête, déguisé en trans*

Facho… Discours anti-européen. Nous on est pour l'Europe… Parce qu'on est démocrates… Je suis de gauche, pour le partage des richesses avec les plus pauvres. Reprenons l'argent aux riches…

JM

Les riches n'ont pas volé leur argent vous savez… Ils l'ont gagné en travaillant plus que les autres le plus souvent madame… ou mademoiselle… veuillez me pardonner…

DIEUDO

Non, je ne te pardonnerai jamais Néanderthal… Macho… Transphobe… Tu n'as pas à m'imposer d'être une madame ou une mademoiselle… c'est mon intimité… Moi je me considère entre les deux… Une « madamselle » tu comprends ?

JM

Allons-y tutoyons-nous Paprika ! Alors racontenous, tu suces ou tu te fais sucer ?!

Dieudo reste sans voix

JM

Est-ce que tu as encore ta bite ou tu t'es faite opérée ?

DIEUDO

Facho… Vous avez entendu voilà le véritable nature de ces monstres d'extrême-droite… l'intolérance… la haine…

JM

A-t-on le droit de savoir à qui on a à faire ?

DIEUDO

A un être humain c'est tout… Facho… Un être humain avec des sentiments… avec des fragilités…

JM

Certaines personnes dans notre région vous voient comme une personne complètement tarée et ne veulent pas vous voir décider pour l'avenir de nos enfants.

DIEUDO

Oui et ben si on gagne tu seras pas déçu … ils ont commencé chez Disney à intégrer des homos, des trans, dans leur films, mais nous, on ira plus loin… On autorisera les opérations chez les nouveaux nés… Oui, le plus tôt possible il faut pouvoir changer de sexe

JM

Laissez au moins à l'enfant le temps de comprendre… Le temps de parler

DIEUDO

Pas besoin… Trop de temps perdu… Vous ne savez pas de quoi vous parlez… Moi j'ai vécu 30 ans avec ce morceau de chair dégueulasse entre les jambes… J'ai voulu en finir avec la vie… Ne parlez pas de ce que vous ne connaissez pas !

JM

Bon, admettons… La France n'a plus les moyens d'accueillir tant de misère du monde

DIEUDO

Si… On a les moyens de venir en aide à des gens qui souffrent… qui viennent ici se faire opérer pour avoir un avenir… Pour reprendre goût à la vie… n'en déplaise aux Nazis que vous êtes… Nazi… Nazi !

JM

Quels sont vos arguments ?

DIEUDO

Pas besoin d'arguments lorsqu'on est face à un nazi. Tu n'aimes pas les réfugiés et bien on va en faire venir des millions… Des jeunes hommes en rute pour redonner des couilles à ce pays… Je préfère quitter ce plateau en me bouchant le nez, non au fascisme… non au nazisme…

JM
   Vous voyez c'est ça le problème dans ce pays on ne peut pas discuter

Noir

8ÈME TABLEAU : LES GILETS JAUNES ET LE SHOW-BIZ

Dieudo et Jean-Marie entrent en scène vêtus de gilets jaunes

DIEUDO

Tu m'avais dit qu'un jour : monter sur scène avec un gilet jaune deviendrait un acte subversif… Putain !

JM

C'est bien simple, on est les seuls humoristes à pouvoir faire ça. Y a Dubosc qui a essayé et encore il a fait ça vite fait en coulisse mais il l'a très vite enlevé…

DIEUDO

Elie Semoun m'a dit les gilets jaunes c'est un truc de beauf !

JM

C'est quoi un beauf ?

DIEUDO

Dans son esprit c'est un mec qui manque de raffinement… d'élégance… c'est le mouton consommateur de base… c'est le naïf qui sert de chair à canon dans les tranchés de Verdun… c'est le vacciné… d'ailleurs tu es vacciné toi ?!

JM
Non

DIEUDO
Moi non plus… Ça aussi on n'est pas nombreux dans la profession… Cette bande de putes du show-biz… ils sont tous montés au créneau en courant pour se faire vacciner devant les photographes… Encore une étiquette de paria complotiste que tu peux inscrire sur notre front… Mais le show-biz tu connais mieux que moi Jean-Marie… Raconte-nous !

JM
Humainement, c'est pas joli… Je dirais que le show-biz c'est entre le parc de jeu pour enfants riches et capricieux et une fosse à merde…

DIEUDO
C'est ce que j'ai ressenti aussi à mon petit niveau… et je suis pas resté longtemps…C'est tout l'inverse de la démarche artistique… C'est le mensonge… Le pillage…L'arrogance et la beauté en trompe-l'oeil… Quelle bande de fils de pute…

JM

Attention Dieudo… On n'est pas là pour régler des comptes.

DIEUDO

Non, bien sûr.

JM

Nous on est deux chevaliers du rire des temps de l'apocalypse… On a troqué nos armures avec ces gilets jaunes mais le combat reste le même… L'honneur… La dignité, c'est tout ce qui nous reste…

DIEUDO

Et comment t'explique que les autres artistes ne nous rejoignent pas ?

JM

La peur… La peur de tout perdre… de ne plus être dans la lumière artificielle…

DIEUDO

La peur de finir comme nous… interdits… censurés… Pourchassés par le fisc et la police de la pensée… c'est pourtant les épreuves inévitables lorsque tu veux vivre honnêtement…

JM

Même les blagues de cul on n'y a plus droit… J'ai vu mes propres amis se retourner… Muriel Robin… Elle a témoigné contre moi dans les médias… Elle m'a poignardé dans le dos… Mais aujourd'hui je lui pardonne…

DIEUDO

Je te comprends. Moi la trahison elle est venue d'un ami d'enfance… de lycée… Elie Semoun… Ça reste mon pote malgré tout et aujourd'hui, je le plains… Il s'est noyé dans ses peurs… Je l'invite à nous rejoindre… Viens Elie, n'aies plus peur, les biens que tu accumules ne sont rien à côté de cet amour que vous nous offrez. *Au public,* Libérons-nous

JM

Tiens Dieudo tu as raison. Pour finir ce spectacle ce serait bien qu'on libère les jeunes générations d'humoristes qui n'osent plus rien dire.

DIEUDO

Bonne idée, on pourrait, pour terminer, faire les cons se balancer des blagues interdites…

JM

Chiche… tu commences ?

DIEUDO

Si tu veux… Ca me démangeait depuis le départ…
« Quenelles dans ton cul le CRIF » … Ah ça fait du
bien putain, ils ont réussi à faire interdire la quenelle et pourtant ils étaient nombreux à l'avoir fait.

– *extrait* –

Ils ont tous été obligés de ramper et demander
pardon sauf Nicolas Anelka… La quenelle la plus
chère du monde, plus d'un millions d'euros !

JM

C'est beau ! A moi… Votez Marine ! Ce qui est
drôle, je le précise c'est de pouvoir le dire sur une
scène en tant qu'artiste… L'exploit il est là… tous
ceux qui s'y sont aventuré s'y sont brûlé les ailes…

DIEUDO

Foutus pour foutus, allons-y... A moi … Poutine
est un homme de Paix… C'est l'OTAN l'agres-
seur… Ça c'est chaud… parce que la France est
à deux doigts d'entrer en guerre donc dire ça sur
scène devant autant de monde, c'est interdit par le
système… Mais sur une scène artistique j'estime
qu'on a le droit de tout dire.

131

JM

On est pas obligés d'être d'accord… mais on doit pouvoir tout dire… Personne n'est obligé d'être là et de nous écouter ! A moi… Le système est tenu par une mafia.

DIEUDO

Joli… Ça fait du bien d'entendre certaines vérités… A moi… Les médias subventionnés sont contrôlés par le sionisme international… qui nous casse les couilles.

JM

Ah oui effectivement, t'as du jeu… C'est pas certain qu'ils nous laissent terminer notre tournée.

DIEUDO

C'est ça qui est navrant, c'est de les faire chier un peu les gens d'en haut avec nos petites voix. Nous ne sommes que les clowns… Notre combat est perdu d'avance… C'est ce qui le rend héroïque…

JM

Alors demain au boulot ou ailleurs, parlez-en dites qu'il existe deux artistes qu'il faut absolument soutenir au nom de la liberté d'expression et de la liberté de vivre tout simplement. Merci !
Applaudissements fin du spectacle

SOMMAIRE